LA DEFENSA DE LA JURISPRUDENCIA CONTENCIOSO-ADMINISTRATIVA

MIGUEL ÁNGEL RUIZ LÓPEZ
Letrado del Tribunal Supremo
Profesor Titular de Derecho Administrativo
Universidad Complutense de Madrid

LA DEFENSA DE LA JURISPRUDENCIA CONTENCIOSO-ADMINISTRATIVA

Primera edición, 2023

Editorial Aranzadi, S.A.U.
Camino de Galar, 15
31190 Cizur Menor (Navarra)
ISBN versión impresa: 978-84-1162-061-1
ISBN versión electrónica: 978-84-1162-533-3
DL NA 2543-2023
Printed in Spain. Impreso en España
Fotocomposición: Editorial Aranzadi, S.A.U.
Impresión: Rodona Industria Gráfica, SL
Polígono Agustinos, Calle A, Nave D-11
31013 — Pamplona

Índice General

Prólogo y nota introductoria

Este libro tiene su origen en el trabajo de investigación que expuse el pasado 5 de mayo de 2023 en la Facultad de Derecho de la Universidad Complutense de Madrid, con motivo del concurso de acceso al cuerpo de Profesores Titulares de Universidad en la especialidad de Derecho Administrativo. Aprovecho para agradecer a los miembros de la Comisión que juzgó dicho concurso, presidida por el Profesor Germán Fernández Farreres, los valiosos comentarios que realizaron y la favorable acogida de mi trabajo.

El tema de la investigación proponía, esencialmente, una reforma del artículo 88.3.b) de la Ley 29/1998, de 13 de julio, reguladora de la jurisdicción contencioso-administrativa (en adelante, LJCA). Y ello con la finalidad de rectificar *de lege ferenda* los márgenes tan limitados en los que se desenvolvía este precepto en su redacción original, que, a diferencia del antiguo motivo de infracción de la jurisprudencia, exigía para poder casar la resolución judicial recurrida en casación que se hubiera producido un apartamiento deliberado de la jurisprudencia existente por considerarla errónea; circunstancias estas que sólo en casos muy contados han podido verificarse a lo largo de estos últimos años y que, sin embargo, se han alegado con fruición en los escritos de preparación del recurso de casación al constituir, según la Ley jurisdiccional, una presunción *iuris et de iure* cuya concurrencia da lugar automáticamente a la admisión a trámite del recurso.

Al verse con ello —en la opinión que expresé en ese trabajo— desprotegida, siquiera sea potencialmente, la propia jurisprudencia formada por la Sala de casación, cuya finalidad esencial es complementar el ordenamiento jurídico con motivo de la interpretación y aplicación del Derecho, según dispone el art. 1.6 del Código Civil, se proponía una redacción alternativa que, de manera algo más flexible, permitiera contrarrestar las resoluciones judiciales contradictorias con la doctrina jurisprudencial del Tribunal Supremo, siempre con el propósito de defenderla y con el convencimiento de que la función de la casación en el orden contencioso-administrativo no consiste únicamente en formar jurisprudencia, sino en evitar que se deforme.

Para ello propuse una defensa de la jurisprudencia, que no es monolítica ni vinculante en un grado absoluto, pero que ha de contar con instrumentos procesales eficaces que permitan su estabilidad a lo largo del tiempo y que contribuyan a la garantía de la seguridad jurídica, la igualdad de los ciudadanos en la aplicación de la ley y la unidad del ordenamiento jurídico, más compleja si cabe en el contexto de un Derecho fragmentado y con múltiples centros de producción normativa.

Pues bien, dicho precepto, el apartado b) del art. 88.3 de la Ley jurisdiccional, fue modificado poco después por el art. 224.3 del Real Decreto-ley 5/2023, de 28 de junio, que entró en vigor el pasado 29 de julio de 2023, según establece la disposición final novena del citado Real Decreto-ley. El precepto mantiene su redacción originaria, pero añade que revestirá igualmente interés casacional el recurso cuando la resolución judicial recurrida se aparte de la jurisprudencia *«de modo inmotivado pese a haber sido citada en el debate o ser doctrina asentada»*.

Se analizará más adelante esta reforma y, más ampliamente, la defensa jurisprudencial como misión de los tribunales de casación, pero baste ahora anticipar que a partir de la importante reforma operada en la regulación del recurso de casación en el orden contencioso-administrativo que se contiene en la LJCA por la Ley Orgánica 7/2015, de 21 de julio[1], se confió a la decisión del tribunal de casación (la Sala Tercera de lo Contencioso-Administrativo del Tribunal Supremo, de forma señalada), la potestad de apreciar la existencia o no del interés casacional; interés en todo caso requerido para la admisión a trámite. En síntesis, a la Sala Tercera, a través de su Sección primera —o de admisión— le corresponde decidir lo que no va a decidir; paradoja esta en la que se subsume la orientación de la casación contenciosa, que se torna desde entonces en un recurso más selectivo que no apela ya a la limitación de la cuantía, a la restricción por razón de la materia ni tampoco a los procedimientos seguidos en la instancia, sino al presupuesto del interés casacional objetivo que presente el asunto en aras de formar jurisprudencia allí donde sea necesario esclarecer el alcance y significado de una norma jurídica o bien consolidar, matizar e incluso rectificar una doctrina jurisprudencial existente.

Ha de recordarse que las características fundamentales que dicha reforma opera son las cuatro siguientes: 1) se suprimen los recursos de casación en interés de ley y para la unificación de doctrina, más sus correspondientes sucedáneos autonómicos, integrándose los elementos fundamentales de ambos en

---

1. La reforma tiene su antecedente directo en el documento titulado «Informe explicativo y propuesta de Ley de Eficiencia de la Jurisdicción Contencioso-Administrativa», de marzo de 2013, elaborado por la Sección Especial de la Comisión General de Codificación, presidida por Francisco Velasco Caballero. Dicha Sección Especial fue creada por la Orden Ministerial de 11 de julio de 2012 y sus propuestas se materializan casi al pie de la letra en el texto de la reforma. Es significativo señalar, como es bien sabido, que el nuevo modelo de casación que contempla la Ley Orgánica 7/2015 recoge, en gran medida, el sentir de buena parte de los magistrados del Alto Tribunal.

el nuevo modelo de casación; 2) se amplía el ámbito objetivo del recurso a las resoluciones judiciales dictadas en grado de apelación y a las sentencias de los Juzgados, siempre que en este caso contengan doctrina que se reputa gravemente dañosa para los intereses generales y sean susceptibles de extensión de efectos; 3) se mantiene el acusado rigor formal del recurso de casación, articulado en un procedimiento bifásico, especialmente en lo que atañe a los requisitos del escrito preparatorio, y 4) como piedra angular del sistema se exige que el recurso presente «interés casacional objetivo para la formación de la jurisprudencia»[2].

A la vista de la experiencia de estos últimos años en la práctica de la casación contencioso-administrativa en el Tribunal Supremo, que indudablemente han

---

2. Lo he expresado más ampliamente en mi libro, al que me remito, *La reforma del recurso de casación contencioso-administrativo*, Valencia, Tirant lo Blanch, 2016, donde se examina esta nueva regulación y la sustancial transmutación que opera en la historia del recurso de casación en el orden contencioso-administrativo.

    Traigo a colación algunas de las consideraciones allí expresadas, a las cuales incorporo otras tantas derivadas de la práctica del recurso de casación y de la prolija jurisprudencia en esta materia de la casación contenciosa. Al estudiar las deficiencias que ha revelado la casación en estos años y, de forma especial, la cuestión de la defensa de la jurisprudencia, la pretensión última no es otra que precisar si las impresiones que entonces se esbozaron pueden ser corroboradas actualmente con la perspectiva del tiempo.

    A los trabajos citados en aquella monografía deben sumarse otros publicados de forma coetánea y también posterior: L. CASADO CASADO (2019), *Los recursos en el proceso contencioso-administrativo: restricciones y limitaciones,* Tirant lo Blanch, Valencia, 2019; L. M.ª CAZORLA PRIETO y CANCIO FERNÁNDEZ, R. C. (coordinadores) (2017), *Estudios sobre el nuevo recurso de casación contencioso-administrativo*, Aranzadi; R. GÓMEZ-FERRER RINCÓN (2020), *La eficacia del recurso de casación cómo técnica para la formación de jurisprudencia en el ámbito del Derecho administrativo* (Dir.), Marcial Pons, Madrid; J. HUELIN MARTÍNEZ DE VELASCO (2017), «La nueva casación contencioso-administrativa (primeros pasos)», *Revista General de Derecho Constitucional*, 24; F. LÓPEZ MENUDO (2021) «Un lustro de la nueva casación. Balance ante el reto de la obligada doble instancia», *Revista de Administración Pública*, 214, y del mismo autor (2018) «El recurso de casación: ¿jurisprudencia o justicia?», *Revista de Administración Pública*, 207; J. F. MESTRE DELGADO (2016), «La configuración del recurso de casación en torno al interés casacional», en J. M.ª Baño León (coord.), *Memorial para la reforma del Estado, Estudios en homenaje al profesor Santiago Muñoz Machado*, vol. I, Centro de Estudios Políticos y Constitucionales, Madrid; M.ª B. Navarro Vega (coord.) (2017), *Recientes reformas de la Ley de la Jurisdicción Contenciosa-Administrativa el recurso de casación y la ejecución de las sentencias de derribo*, Valencia, Tirant lo Blanch; J. P. QUINTANA CARRETERO, R. CASTILLO BADAL y P. ESCRIBANO TESTAUT (2019), *Guía Práctica del recurso de casación contencioso-administrativo*, 2.ª ed., Madrid, Dykinson; J. A. RAZQUIN LIZARRAGA (2018), «Primer balance del nuevo recurso de casación contencioso-administrativo», *Revista Vasca de Administración Pública, 110;* D. SANTIAGO IGLESIAS (2019), «La eficacia de la jurisprudencia en el ordenamiento jurídico administrativo: Una reflexión a la luz del nuevo sistema casacional», *Revista Española de Derecho Administrativo*, 202; F. VELASCO CABALLERO (2017), «Poderes del Tribunal Supremo en la casación contencioso-administrativa», *Revista Española de Derecho Administrativo*, 182, y del mismo autor (2018), «Casación contencioso-administrativa y Constitución», en *La nueva perspectiva de la tutela procesal de los derechos fundamentales*, Asociación de Letrados del Tribunal Constitucional (aut.), Centro de Estudios Políticos y

estado caracterizados por un profundo cambio estructural en la configuración de dicho recurso extraordinario, se pueden suscitar en abstracto numerosos interrogantes. A algunos de ellos se tratará de dar respuesta en esta monografía. Entre otros, los siguientes:

¿Ha permitido esta reforma un funcionamiento más ágil y eficaz del Tribunal Supremo? ¿Cuál ha venido siendo la interpretación de los supuestos de interés casacional previstos en la Ley de la Jurisdicción Contencioso-Administrativa (LJCA)? ¿Es adecuado el doble listado de supuestos desde la perspectiva de la función uniformadora de la casación? ¿Es suficiente con una sola sentencia que fije doctrina sobre el interés casacional para cumplir con la función de complemento prevista en el art. 1.6 del Código Civil? ¿O siguen siendo necesarias al menos dos sentencias? ¿Ha servido eficazmente el interés casacional como criterio de selección de las impugnaciones de sentencias (estimatorias o desestimatorias), seleccionadas como idóneas para formar jurisprudencia? ¿Han tenido acceso a la casación los autos de ejecución de sentencias y de medidas cautelares? ¿Qué ha sido de los vicios que afectan a la motivación y a la congruencia de las resoluciones judiciales recurridas en casación? ¿Es eficaz el procedimiento seguido a través de los escritos de preparación y de interposición? ¿Y la apertura de la casación a las sentencias dictadas en única instancia por los Juzgados unipersonales?

En el presente estudio se pondrá el acento en el cumplimiento o no de los fines de la reforma introducida, y, en detalle, en examinar si la infracción de la doctrina jurisprudencial constituye un motivo susceptible de interés casacional. Y, en caso afirmativo, es preciso determinar en qué supuesto o supuestos de interés casacional tiene su encaje. ¿En el art. 88.2.a), en el art. 88.3.a) y/o en el art. 88.3.b) de la LJCA? Y una cuestión fundamental. ¿Reviste o puede revestir interés casacional un recurso cuando ya existe doctrina jurisprudencial de la Sala Tercera del Tribunal Supremo? La reforma recientemente introducida en el artículo 88.3.b) de la LJCA exige planteárselo.

Y, más ampliamente, estas cuestionas enlazan con otros interrogantes fundamentales. ¿Es idónea la configuración actual de la casación contencioso-administrativa desde la perspectiva de la formación de jurisprudencia? ¿Satisface el derecho a la tutela judicial efectiva en su vertiente del derecho a los recursos? ¿Ha resultado ser este recurso extraordinario un instrumento eficiente en la construcción del Derecho público de nuestro tiempo?

Constitucionales, Madrid, y, por completar el repaso de sólo algunas de las muchas aportaciones relevantes en esta materia, los capítulos 26.º y 27.º de *Los retos del Estado y la Administración en el siglo XXI: libro homenaje al profesor Tomás de la Quadra-Salcedo Fernández del Castillo*, coord. por L. J. Parejo Alfonso y J. Vida Fernández, vol. 1, 2017, titulados, de forma respectiva, «Luces y sombras de la reforma del recurso de casación en la jurisdicción contencioso-administrativa», de F. DELGADO PIQUERAS, y «Algunos aspectos de la nueva regulación sobre el recurso de casación frente a sentencias en el orden contencioso-administrativo. El trámite de admisión», de T. QUINTANA LÓPEZ.

Con todo, es preciso decir que cualquier consideración sobre el alcance y significado de la casación debe pasar, en mi opinión, por explicar el contexto actual y la situación de sobrecarga de la Sala Tercera del Tribunal Supremo, a la que se une en estos últimos años una significativa pérdida de efectivos entre los magistrados de la Sala que no se han provisto como consecuencia de la imposibilidad legal del Consejo General del Poder Judicial de renovar las plazas vacantes en tanto su mandato siga caducado.

No hay más que atender al hecho de que al final del año 2022 tuvieron acceso nada menos que 9.232 recursos de casación nuevos, como se ilustra con la siguiente tabla. De ellos se admitieron 1.415 recursos, equivalente al 15,3% del total. Con más detalle puede advertirse el desglose por meses y tipo de resolución adoptada en la siguiente tabla:

Tabla 1: Recursos de casación de enero a diciembre de 2022. Sección Primera de la Sala Tercera del Tribunal Supremo

	ENERO	FEB.	MARZO	ABRIL	MAYO	JUNIO	JULIO	AGOS.	SEPT.	OCT.	NOV.	DIC.	TOTAL
Pendientes mes anterior	5.347	5.249	5.268	5.080	5.281	5.303	5.154		5.401	5.775	5.529	5.221	
Ingresados	742	903	1.024	882	904	907	900	72	769	779	711	639	9.232
Resueltos	840	884	1.060	680	882	1.056	725		395	1.025	1.019	418	8.984
Admisión	126	139	76	104	178	243	226		69	106	116	32	1.415
Inadmisión	669	677	914	521	663	738	453		259	848	826	355	6.923
Auto	16	13	78	6	11	15	7		5	11	11	5	178
Providencia	653	664	836	515	652	723	446		254	837	815	350	6.745
Otras causas	45	68	70	55	41	75	46		67	71	77	31	646
Pendientes fin de mes	5.249	5.268	5.232	5.281	5.303	5.154	5.329		5.775	5.529	5.221	5.442	

Fuente: Gabinete Técnico del Tribunal Supremo, Sala de lo Contencioso-Administrativo.

Sigue siendo un volumen de asuntos muy elevado que refleja una alta litigiosidad, pero también una insuficiente conciencia acerca de la finalidad que persigue la casación tras la última reforma de la LJCA, que, como se ha repetido, no constituye una segunda ni una tercera instancia. Parece que la reforma —que aparentemente se abre a cualquier resolución judicial, ya proceda de un Juzgado o de una Sala, en primera instancia o en apelación— ha propiciado un «efecto llamada», un cierto fervor por agotar las vías procesales sin un análisis serio y riguroso de la jurisprudencia existente, alentado tanto por las expectativas que infunde el listado aparentemente abierto del art. 88.2 LJCA como por las presunciones del art. 88.3 LJCA, que puede entenderse —erróneamente— que sugieren un derecho en abstracto a la admisión. La presentación de escritos en una proporción tan elevada, sin visos de reducirse en los próximos años, en ese afán de proseguir un debate con un limitado o nulo fundamento desde la perspectiva de la formación de jurisprudencia, no se compadece sin embargo en un buen número de recursos con un esmerado cumplimiento de los requisitos formales establecidos en el art. 89.2 LJCA; en especial, en lo que atañe a la justificación del interés casacional objetivo para la formación de la jurisprudencia [apartado f)], derivando esfuerzos hacia el tribunal de casación que resultan baldíos, desaprovechados, y no contribuyen con plena capacidad al fin que dice perseguir la reforma.

Si la inadmisión alcanza más del 80% de los recursos de casación, en muchos casos por la presencia de deficiencias formales, difícilmente rebatibles, o por las expectativas infundadas en el reexamen de sentencias sin una causa que lo justifique (doctrina jurisprudencial pacífica sobre una materia, controversias que inciden en el material probatorio, sin otro alcance, etc.), hay que convenir en que esa pérdida de recursos y energías lastra la propia finalidad de la reforma, que pasa por dar respuesta con celeridad y cierto sosiego a aquellos conflictos jurídicos que verdaderamente precisen formar jurisprudencia, completar, matizar o rectificar la ya existente, o resolver la contradicción entre órganos jurisdiccionales, y que, desde luego, comprende la defensa sin ambages de la propia jurisprudencia cuando sea cuestionada por los órganos de instancia con el propósito de reafirmarla o, en su caso, de revisarla.

La escasa funcionalidad de la casación a través de sus sucesivas reformas

En la Ley 10/1992, de 30 de abril, de medidas urgentes de reforma procesal, que importa las líneas generales de la casación civil a la casación contencioso-administrativa, convirtiéndola en un dique de contención como consecuencia de las limitaciones y restricciones que introduce para la operatividad del recurso, ya es posible advertir en su exposición de motivos el objetivo de conseguir *«un resultado que revista la deseada funcionalidad»* y *«un más eficaz funcionamiento de la Administración de Justicia»*. Años después, la Ley 37/2011, de 10 de octubre, de medidas de agilización procesal, se refiere a la necesidad de *«asegurar la sostenibilidad del sistema y garantizar que los ciudadanos puedan disponer de un servicio público de calidad»*. Y la última de las reformas, la Ley Orgánica 7/2015, de 21 de julio, que modifica la Ley Orgánica del Poder Judicial y la Ley de la Jurisdicción Contencioso-Administrativa, también se expresa en parecidos términos:

> *«La sociedad actual exige un alto grado de eficiencia y agilidad en el sistema judicial, pues no puede olvidarse que una Justicia eficaz, además de garantizar el respeto de los derechos fundamentales de todos y de facilitar con ello la paz social, es un elemento estratégico para la actividad económica de un país y contribuye de forma directa a un reforzamiento de la seguridad jurídica y, en paralelo, a la reducción de la litigiosidad».*

A partir de la doctrina constitucional que concibe el derecho a la revisión de las resoluciones judiciales como un derecho de configuración legal[3], lo cierto es que el legislador ha tenido vía libre durante estos años para limitar sensiblemente el acceso a la casación mediante el establecimiento de estrictos requisitos

---

3. *Vid.* BORRAJO, DÍEZ-PICAZO y FERNÁNDEZ FARRERES (1995: 43 y ss.).
    La STC 37/1995, de 7 de febrero, lo expresa claramente: *«el derecho a poder dirigirse a un juez en busca de protección para hacer valer el derecho de cada quien, tiene naturaleza constitucional por nacer directamente de la propia Ley Suprema. En cambio, que se revise la respuesta judicial, meollo de la tutela, que muy bien pudiera agotarse en sí misma, es un derecho cuya configuración se difiere a las leyes. Son, por tanto, cualitativa y cuantitativamente distintos».*

formales, cuando no de medidas desincentivadoras o lisa y llanamente para excluirlo en relación con algunas materias.

Es obvio que en tiempos de turbulencia económica el legislador ha justificado sin miramientos medidas de corte restrictivo en aras de solucionar los problemas derivados de la carga de trabajo que soportan los órganos jurisdiccionales, como ha sido el caso paradigmático de la Sala de lo Contencioso-Administrativo del Tribunal Supremo. Un examen de las últimas reformas legislativas permite explicar, primero, que la introducción del recurso de casación en este orden jurisdiccional ha obedecido a un proceso de imitación con lo acaecido en otros órdenes jurisdiccionales, y, segundo, que con cada nueva reforma, motivada convencionalmente por la necesidad de afrontar el ingente número de recursos que colapsan la Sala Tercera, el legislador ha complicado aún más al justiciable la revisión de las sentencias y de los autos de instancia.

Baste mencionar, a este respecto,

1.°) el impresionante incremento de la cuantía de la casación —hoy suprimida— desde los 6 millones de pesetas en 1992 a los 600.000 euros casi veinte años después;

2.°) la exclusión de las sentencias de los Tribunales Superiores de Justicia que se fundamentan en la infracción del Derecho autonómico;

3.°) el exacerbado rigor formal en la interpretación de los requisitos procesales del escrito de preparación, que ha dado lugar en pocos años a un vasto cuerpo de doctrina jurisprudencial sobre el régimen jurídico de la casación, integrado por miles de autos[4]; y

---

Y continúa señalando que *«el sistema de recursos se incorpora a la tutela judicial en la configuración que le de cada una de esas leyes de enjuiciamiento reguladoras de los diferentes órdenes jurisdiccionales, sin que ni siquiera exista un derecho constitucional a disponer de tales medios de impugnación, siendo imaginable, posible y real la eventualidad de que no existan, salvo en lo penal (SSTC 140/1985, 37/1988 y 106/1988). No puede encontrarse en la Constitución ninguna norma o principio que imponga la necesidad de una doble instancia o de unos determinados recursos, siendo posible en abstracto su inexistencia o condicionar su admisibilidad al cumplimiento de ciertos requisitos. El establecimiento y regulación, en esta materia, pertenece al ámbito de libertad del legislador (STC 3/1983)».*

4. En la web del Tribunal Supremo puede verse el documento titulado «Práctica procesal del recurso de casación contencioso-administrativo (2016-2023)», elaborado por el Gabinete Técnico, Área Contencioso-Administrativa, del Tribunal Supremo y que se compone de 382 páginas. Puede consultarse concretamente en la siguiente página web: https://www.poder-judicial.es/cgpj/es/Poder-Judicial/Tribunal-Supremo/ El objetivo de este documento, según puede leerse en su pág. 3, *«hacer asequible la consulta de los criterios hermenéuticos más relevantes de los que hace uso la Sala Tercera del Alto Tribunal en la aplicación de las normas procesales rectoras del recurso de casación, contenidas en los artículos 86 a 93 de la Ley 29/1998, en su vigente redacción. Una vez más, se han tomado en consideración de forma primordial los criterios interpretativos que maneja la Sección 1.ª, de Admisión, de la Sala».*

4.º) la prioridad que la última reforma ha conferido al criterio de la relevancia o del «interés casacional» del asunto en la formación de jurisprudencia, que se erige en la piedra angular del nuevo modelo de casación.

Todas han sido reformas basadas en la adopción de medidas concretas y cortoplacistas, desconectadas de la deseable visión global de la justicia administrativa[5], entendida como sistema armónico en el que el Tribunal Supremo desempeñe su función esencial como cúspide de un orden jurisdiccional especializado. En efecto, de poco han servido estas reformas, que las más de las veces han sido soluciones de urgencia, poco meditadas y desconectadas de una visión de conjunto de la planta de la jurisdicción contencioso-administrativa[6]. Tampoco parecen haber contribuido a una disminución sustancial de los asuntos pendientes los criterios restrictivos que ha aplicado la Sala para racionalizar sus esfuerzos y no prolongar los plazos de resolución de los recursos.

Y aunque debe reconocerse que la casación anterior ha servido de instrumento de tutela judicial de derechos de intereses públicos y privados, sólo indirectamente ha permitido la formación de jurisprudencia y la unificación del Derecho. En efecto, la teoría y la práctica de la casación revelaban un notable distanciamiento de la función constitucional del Tribunal Supremo: la casación había dejado hace muchos años de servir primariamente a la creación de jurisprudencia, alejando con ello al Alto Tribunal de su función unificadora en la aplicación del Derecho como última instancia jurisdiccional. Y ello debido a la incapacidad del legislador de configurar un sistema de recursos idóneo en el orden contencioso-administrativo, compatible con las singularidades que el mismo presenta.

---

5. MESTRE DELGADO (2016: 1.016-1.020) explica, en esta línea, que la incorporación del interés casacional responde a la necesidad de acomodar el número de recursos de casación de que conoce el Tribunal Supremo, y que la experiencia de estos años demuestra no se pueden tramitar y resolver en un plazo razonable por mucho que el legislador haya establecido rigurosos requisitos de admisibilidad y otras medidas complementarias, o que la propia Sala haya configurado criterios de interpretación de tales requisitos aún más rigurosos. Todos ellos son *«remedios concretos, aunque sin integrarse en un modelo o sistema ordenado y coherente, para hacer frente a un problema concreto, que no era otro que el elevadísimo número de recursos presentados, y la imposibilidad real de resolverlos (…) no ya sólo en un plazo razonable, sino especialmente con la exigible y deseable calidad».*
    Apunta, por su parte, SÁNCHEZ ÁLVAREZ (2019: 652) que distintas finalidades han podido justificar la introducción del interés casacional: *«un afán desatascador, la constatación de una dotación medial que no permita asumir la carga de trabajo precedente dimanante del esquema casacional preexistente, el ánimo de unificar criterios de órganos funcionalmente inferiores y, de paso, la garantía de rapidez (al haber menos asuntos, que además son elegidos libremente…)».*
6. Baste recordar que la Ley 37/2011, de 10 de octubre, con el pretexto de combatir la alta litigiosidad, multiplica por cuatro el límite casacional, que pasa de 150.000 a 600.000 euros con el objetivo declarado de *«limitar el uso abusivo de instancias judiciales».*

En no pocas ocasiones el mero cumplimiento de los requisitos formales daba lugar a la admisión automática del recurso y a la aplicación de doctrina consolidada y reiterativa de la Sala, que nada nuevo aportaba.

El régimen jurídico de la casación ha seguido basado durante muchos años en el cumplimiento meramente formal de los requisitos de admisión como presupuesto para el estudio de los motivos alegados y el dictado de una resolución sobre el fondo. Las sentencias han llegado años después, cuando no pocas veces se había derogado ya la norma aplicada en un ordenamiento tan contingente y variable como es el ordenamiento jurídico-administrativo. Bastaba con que el asunto cumpliera los requisitos formales que venían disciplinando el acceso a la casación para que se repartiera a la Sección competente *ratione materiae* y recayera al cabo sentencia. Operaban así los condicionantes procesales con cierto automatismo, llevando a la Sala a admitir irremediablemente un buen número de asuntos cada año, por más que tales asuntos no requiriesen en la mayoría de los casos una labor de esclarecimiento que contribuyera a complementar el ordenamiento jurídico mediante una doctrina jurisprudencial precisa y no contradictoria.

Las restricciones formales, materiales y por razón de la cuantía de este modelo de casación no permitían verdaderamente examinar un buen número asuntos. Baste recordar la casi imposible concurrencia de los presupuestos de recurribilidad en la casación para la unificación de doctrina o el escaso recorrido de la casación en interés de la ley; modalidades ya extintas, al igual que sus sucedáneos autonómicos. O cómo las restricciones introducidas mediante la necesidad de articular los argumentos en específicos motivos de casación, interpretados con un extremado rigor formal, llevó a la Sala Tercera del Tribunal Supremo a convertir la preparación del recurso en una fase con sustantividad propia, basada en un examen puramente superficial en cuanto al fondo pero exhaustivo en cuanto a los requisitos de forma[7].

---

7.   Alfonso PÉREZ MORENO lo expresó gráficamente al referirse al *«angosto acceso por la aduana establecida para la admisión del recurso»* [*vid.* su Prólogo a la obra de MONTOYA MARTÍN (1997: XVI)].

La exigencia de que el recurso presente interés casacional objetivo para la formación de la jurisprudencia

Ante la insuficiencia de ese modelo casacional y el replanteamiento de su virtualidad misma, una vez comprobado que no ha bastado con reemplazar la apelación por la casación, ni que el marcado carácter extraordinario de esta última ha permitido aligerar el número de resoluciones, tanto de admisión como sobre el fondo, que dicta anualmente la Sala Tercera, el legislador ha otorgado al interés casacional objetivo un lugar muy destacado como presupuesto de admisibilidad del recurso.

Con la última reforma, que entró en vigor en el 22 de julio de 2016, la admisión del recurso de casación no se hace depender ya de la invocación de motivos tasados —cuya delimitación exacta no siempre fue cómoda para los litigantes— ni de los férreos requisitos atinentes a la materia sobre la que versa el pleito o a la cuantía del asunto en cuestión, sino que su admisión no sólo se condiciona a la invocación de cualquier infracción normativa o jurisprudencial, sino, muy especialmente, al cumplimiento de un presupuesto necesario que consiste en que el recurso presente interés casacional para la formación de doctrina jurisprudencial [art. 89.2.f) LJCA]. Se trata de un interés que trasciende el puramente individual de las partes litigantes, proyectándose sobre la función misma que desarrolla el Tribunal Supremo como tribunal de casación[8].

El interés casacional se erige, teóricamente al menos, en un filtro mucho más efectivo a la hora de reducir de forma sensible el número de asuntos que acceden a la fase de enjuiciamiento que las tradicionales barreras cuantitativas, el carácter tasado de los motivos esgrimibles o el establecimiento de otros

---

8.   Señala BLASCO GASCÓ (2002: 36) que el interés casacional va más allá del *ius litigatoris* y es la circunstancia que justifica la recurribilidad de una determinada resolución, definiéndolo concretamente como «*el criterio o criterios de política legislativa que establece el legislador para acceder al recurso de casación*».

requisitos materiales y formales, toda vez que es el propio Tribunal el que selecciona los asuntos sobre los que ha de pronunciarse. Por eso la reforma lo califica de «objetivo», porque se trata de un concepto jurídico sujeto a una amplísima discrecionalidad en su determinación, definiéndose prioritariamente por su finalidad de formar jurisprudencia, según resulte de la necesidad de complementar el ordenamiento jurídico, permitiendo así que el Tribunal concentre sus esfuerzos en garantizar la uniformidad del mismo, al tiempo que los principios constitucionales de seguridad jurídica, igualdad y unidad, siendo selectivo en la admisión de los recursos con el fin de elaborar, en la filosofía de la reforma, resoluciones judiciales de calidad en un tiempo reducido.

La finalidad de esta última reforma es hacer de la Sala Tercera del Tribunal Supremo un verdadero tribunal de casación que siente jurisprudencia allí donde sea necesario objetivamente, de forma rápida y precisa, con la finalidad de cumplir su función uniformadora y de servir, por tanto, a la interpretación del ordenamiento jurídico. La exposición de motivos lo expresa en estos términos:

> «Con la finalidad de que la casación no se convierta en una tercera instancia, sino que cumpla estrictamente su función nomofiláctica, se diseña un mecanismo de admisión de los recursos basado en la descripción de los supuestos en los que un asunto podrá acceder al Tribunal Supremo por concurrir un interés casacional. Así, la Sala de casación podrá apreciar que en determinados casos existe interés casacional objetivo, motivándolo expresamente en el auto de admisión. El recurso deberá ser admitido en determinados supuestos, en los que existe la presunción de que existe interés casacional objetivo».

El legislador introduce un cualificado requisito o presupuesto de admisibilidad con el que franquear el acceso a la casación y encontrar así una solución alternativa que pretende conciliar distintos intereses: primero, poniendo fin a la situación de parálisis de la Sala Tercera derivada del aluvión de asuntos que ingresa cada año, y, segundo, conciliando su posición constitucional en el ordenamiento jurídico como supremo órgano jurisdiccional salvo en materia de garantías constitucionales (art. 123 de la CE), con su labor cotidiana en la admisión y resolución de los recursos de los que conoce en grado de casación, que constituye una labor concebida teóricamente para complementar el ordenamiento jurídico en la aplicación e interpretación de la ley (art. 1.6 del CC), dejando al margen la nada desdeñable proporción de recursos contencioso-administrativos de los que anualmente conoce en única instancia la Sala Tercera en virtud del art. 12.1 LJCA.

Cabe plantearse, por ello, si el nuevo modelo casacional es idóneo para cumplir con la función uniformadora de la doctrina jurisprudencial del Tribunal Supremo. De entrada, la función principal de la casación contencioso-administrativa no es menor, porque persigue reducir a la unidad el ejercicio de la jurisdicción por parte del conjunto orgánico constituido por los juzgados y tribunales en los que se estructura el poder judicial.

El concepto jurídico del interés casacional para la formación de la jurisprudencia lo tilda la nueva redacción del art. 88 LJCA, como se ha dicho, de «objetivo», intensificando de esta manera la defensa del *ius constitutionis* frente a la garantía del *ius litigatoris*[9]. Lo primordial no es ahora la tutela de derechos o intereses legítimos, sino convertir la casación en un instrumento al servicio de la «formación de jurisprudencia» por parte del tribunal de casación que a través de sus autos de admisión y de sus sentencias debe dejar sentada una interpretación del interés casacional según resulte del examen del propio ordenamiento jurídico, decidiendo, primero, lo que no va a decidir, y resolviendo, después, lo que haya admitido. Con ello se pretende dotar de seguridad jurídica, certeza y predictibilidad al ordenamiento jurídico otorgando un poder de selección discrecional al tribunal de casación que habrá de redundar, en la filosofía de la reforma, en el logro de la eficiencia en la jurisdicción[10], en un planteamiento que emparenta, según se ha dicho, con los sistemas jurídicos de la *common law*[11], aunque evidentemente con matices.

En efecto, no se discute que la casación se orienta primordialmente al denominado *ius constitutionis*, desplazando así el centro de gravedad de la institucional casacional a la tutela del ordenamiento jurídico objetivo, relegando a un segundo plano el *ius litigatoris* o tutela de los derechos particulares, que han de conformarse por lo general, fracasada la vía casacional, con ser satisfechos con una única respuesta judicial no susceptible de revisión ulterior[12]. Y ello de una

---

9.   *Vid.* HINOJOSA MARTÍNEZ (2016: 50) y SANTAMARÍA PASTOR (2015: 22). Por su parte, MESTRE DELGADO (2016: 1.020-1.022) reconoce que en la nueva casación contencioso-administrativa predomina la finalidad interpretativa y de formación de doctrina jurisprudencial, *«en detrimento de la tutela de derechos concretos de los ciudadanos y de las resolución de conflictos jurídicos»*, si bien individualiza distintos contenidos puntuales de la reforma (los recursos contra autos y la facultad de integrar los hechos), que en su conjunto entorpecen que el recurso de casación cumpla con su finalidad institucional de formar doctrina jurisprudencial y, en particular, el objetivo de reducir los asuntos de los que conoce el Tribunal Supremo.

10.   *Vid.* GÓMEZ-FERRER RINCÓN (2007: 636).

11.   *Cfr.* AHUMADA RUIZ (1994: 89 y ss.); LÓPEZ SÁNCHEZ (2002: nota 27); LOZANO CUTANDA (2015: 2); MORENILLA RODRÍGUEZ (1968) y VELASCO CABALLERO (2018: 125-126). Explica DÍAZ DELGADO (2021) que en Derecho comparado algunos países como Reino Unido, EEUU o Alemania disponen de mecanismos para la selección objetiva de asuntos en atención al interés que tengan para la comunidad jurídica. Así, la *Supreme Court* del Reino Unido aplica criterios relacionados con la relevancia del general del caso, las posibilidades de éxito del recurso o la polémica que haya despertado. En EEUU el *writ of certiorari* se traduce en la potestad discrecional del Tribunal Supremo para seleccionar las cuestiones relevantes de Derecho federal o en las que existe contradicción entre los Tribunales de apelación entre sí o con la jurisprudencia del Tribunal Supremo. Y en Alemania constituyen criterios de admisión la relevancia capital del asunto, bien porque no haya sido resuelta por el Tribunal Supremo o, de existir jurisprudencia, merezca una reconsideración.

12.   *Vid.* SANTAMARÍA PASTOR (2010: 867-869), quien apunta que la configuración del recurso de casación lo convierte en una singular especie de *«apelación bis»* o *«apelación restringida en aras del objetivo pragmático de evitar la congestión de asuntos en la Sala Tercera del Tribunal Supremo»*.

manera incompleta, porque el Tribunal Supremo ni tan siquiera desempeña en toda su extensión, ni tampoco de forma exclusiva, la función de unificador de los criterios de interpretación y aplicación del Derecho, habida cuenta de la exclusión del Derecho autonómico, fragmentado en los distintos Tribunales Superiores de Justicia.

Si con el anterior modelo de casación quedaba seriamente comprometida la función uniformadora de la jurisprudencia desde el momento en el que importantes cuestiones sustantivas y procesales no tenían acceso al Tribunal Supremo, obligando en cambio a examinar otras tantas que en nada contribuyen a la formación de la jurisprudencia, con el nuevo modelo hay que asumir el inconveniente de que la protección de los derechos e intereses legítimos de los litigantes (el *ius litigatoris* en abstracto y desde una perspectiva concreta) puede quedar eventualmente relegada por la finalidad primordial que persigue la casación como recurso extraordinario, y que en no pocos casos los conflictos que enfrenten a los ciudadanos con la Administración queden resueltos en una sola instancia[13], pudiendo quedar firmes, a título de hipótesis, pronunciamientos de los Tribunales no ajustados a Derecho, total o parcialmente, incluso con serios reproches desde la perspectiva de las normas reguladoras de la sentencia (falta de motivación, incongruencia…), de la infracción de los actos y garantías procesales, de la valoración de la prueba sin matices o incluso de la conculcación de la propia doctrina jurisprudencial consolidada de la Sala Tercera, con la consiguiente inseguridad jurídica y un fundada sensación de iniquidad o injusticia material predicable del sistema de justicia administrativa en su conjunto.

---

13. A este respecto, FERNÁNDEZ RODRÍGUEZ (2016: 19-20) en un examen preliminar de la nueva casación declaraba que *«con la reforma los asuntos "menores" han salido ganando; los "mayores", en cambio, han salido perdiendo. En los primeros las posibilidades de obtener justicia se duplican; en los segundos, todo hay que jugárselo a una carta».* Como contrapunto, cabe destacar la aportación de PAREJO ALFONSO (2018: 343-344) al poner en valor los asuntos locales y rechazar la «gradación» de la relevancia de los asuntos en atención a la esfera de intereses públicos implicados, sean locales o autonómicos, que derivan de la organización territorial del Estado.
     Sobre la falta de lógica del sistema de distribución de competencias objetivas entre órganos jurisdiccionales también alerta MÍGUEZ MACHO (2019: 657) cuando explica lo contradictorio que resulta que *«procesos que se refieren a la misma materia y tienen la misma cuantía, diferenciándose solo por el órgano o la Administración de la que procede la actuación que se impugna, se inicien ante órganos jurisdiccionales de distinto grado y, en consecuencia, el régimen de recursos contra la sentencia varíe de una manera poco justificable, por no decir arbitraria, si se tiene en cuenta que la afección que sufren los derechos e intereses de los litigantes es exactamente la misma».*

IV.

Interés casacional y tutela judicial efectiva

La concepción objetiva del recurso de casación no es ajena a la jurisprudencia constitucional, en la que puede leerse que satisface finalidades públicas que trascienden el interés de las partes, como son la defensa del sometimiento del juez ante en Derecho y la garantía de la unidad, la igualdad y la seguridad jurídica como principios básicos del ordenamiento jurídico. Sólo secundariamente atiende a una finalidad subjetiva o privada de las partes en la tutela de sus derechos o intereses legítimos. Como señala en este sentido la STC 81/1986, de 20 de junio:

> *«(…) el recurso de casación presenta unas características muy singulares, que hacen de él un instrumento extraordinario, organizado por el legislador no directamente en interés de las partes, como lo demuestra la existencia del recurso de casación en interés exclusivamente de la Ley, cuyo objetivo fundamental es el control de la correcta aplicación e interpretación de las leyes y la formación de un cuerpo de jurisprudencia. Estos objetivos de carácter público, que se encuentran presentes en el recurso de casación (aunque modernamente hayan quedado en algún modo desvaídos) otorga al legislador una plena libertad para la configuración de los requisitos necesarios para la interposición del recurso, así como para articular un específico trámite de admisión de los mismos».*

El carácter extraordinario del recurso equivale a su innecesariedad misma, según ha repetido el Tribunal Constitucional, pero una vez reconocida su existencia no se puede denegar la admisión a trámite del recurso de forma arbitraria[14], porque un rigorismo excesivo o exacerbado puede llegar a vulnerar el

---

14. Como sostiene la STC 7/1989, de 19 de enero, bien que por referencia a la casación civil, *«la Constitución no impone la existencia o procedencia del recurso de casación en materia civil y, dado su carácter de extraordinario, el legislador es libre de determinar los casos en que procede limitar las causas o motivos de impugnación y prescribir las demás exigencias materiales y formales para su admisión y tramitación, pero es contrario al indicado derecho a la tutela judicial efectiva denegar el acceso a dicha vía del recurso en atención una causa legal inexistente o en aplicación no justificada ni razonable de alguna de las causas legales de inadmisión».*

derecho a la tutela judicial efectiva[15]. Esto es, el recurso de casación no es necesario desde los parámetros constitucionales del derecho a la tutela judicial efectiva consagrados en el art. 24.1 de la CE, que garantizan el derecho fundamental de acceso a la jurisdicción y un derecho de configuración legal a los recursos, entregados a la disponibilidad del legislador[16].

Desde la perspectiva del control que ejerce el Tribunal Constitucional sobre las inadmisiones de los recursos de casación, en una primera etapa se realizaba la comprobación de la «razonabilidad» de la decisión adoptada por el órgano judicial, evitando que las meras irregularidades formales se conviertan en *formalismos enervantes contrarios al espíritu y finalidad de la norma*». Estos primeros pronunciamientos abogan por atenuarlo mediante una interpretación favorable de las exigencias formales de los recursos y la subsanación de defectos[17].

Sin embargo, posteriormente se ha consolidado una línea jurisprudencial en el Tribunal Constitucional que considera contraria al derecho a la tutela judicial efectiva toda inadmisión que se repute arbitraria[18]. La STC 37/1995, de 7 de febrero, proclama que *«el principio hermenéutico pro actione no opera con igual intensidad en la fase inicial del proceso, para acceder al sistema judicial, que en*

---

15. Sobre la incidencia de la doctrina constitucional en la interpretación del rigor formal de la casación, *vid.* LÓPEZ SÁNCHEZ (2002: 103 y ss.) y MONTOYA MARTÍN (1997: 68-72).

16. Por todas, STC 50/1990, de 26 de marzo.

17. *«Los órganos judiciales están obligados a interpretar las disposiciones procesales en el sentido más favorable para la efectividad del derecho que consagra el art. 24.1 de la CE»*, señala la STC 213/1990, de 20 de diciembre, por referencia a la STC 90/1986, de 2 de julio.
    Y añade lo siguiente: *«La tutela, pues, que los órganos jurisdiccionales han de dispensar de los derechos e intereses legítimos exige que, al examinar el cumplimiento de los requisitos procesales, el órgano judicial esté obligado a ponderar la entidad real del vicio advertido, en relación con la sanción del cierre del proceso y del acceso a la Justicia que de él pueda derivar y, además, permitir siempre que sea posible la subsanación del vicio advertido (STC 49/1989), pues, si el órgano judicial no hace posible la subsanación de defecto procesal que pudiera considerarse como subsanable o impone un rigor en las exigencias formales más allá de la finalidad a que la misma responda, la resolución judicial que cerrase la vía del proceso o del recurso sería incompatible con la efectividad del derecho fundamental a la tutela judicial (STC 62/1989), ya que los requisitos de forma no son valores autónomos que tengan sustantividad propia, sino que son instrumentos para conseguir una finalidad legítima (STC 36/1986), evitando sanciones desproporcionadas (STC 134/1989), con la consecuencia de que si aquella finalidad puede ser lograda sin detrimento de otros derechos o bienes constitucionales dignos de tutela, debe procederse a la subsanación del defecto, muy especialmente cuando la inobservancia del requisito formal produce el cierre de la vía del recurso».*

18. El trabajo de BORRAJO, DÍEZ-PICAZO y FERNÁNDEZ FARRERES (1995: 47 y ss.) resume la coexistencia de las líneas jurisprudenciales sobre el derecho a la tutela judicial y las limitaciones del acceso a los recursos, postulando la interpretación más estricta que acabó imponiéndose (en detalle, págs. 56-61).

las sucesivas, conseguida que fue una primera respuesta judicial» [19]. En la práctica esta línea jurisprudencial avala que un recurso pueda quedar decidido mediante una sola resolución judicial, posibilitando la aplicación de las causas de inadmisión legalmente establecidas y aquellas otras que, en un ejercicio hermenéutico de las mismas, avala el Tribunal Supremo en sus pronunciamientos sin posibilidad de subsanar los defectos de que adolezcan los escritos de preparación e interposición del recurso de casación [20].

Un examen del estado actual de las casaciones admitidas e inadmitidas permite comprobar que el acento en los requisitos formales sigue impregnando el

---

19. Ante las interpretaciones posibles que ofrecía un precepto de la antigua Ley de Enjuiciamiento Civil, en relación con la necesidad o no del trámite de audiencia en el caso de que el Tribunal Supremo decidiera la inadmisión del recurso de casación por carencia manifiesta de fundamento, el Tribunal Constitucional considera que *«la balanza constitucional no puede inclinarse en ningún sentido para optar entre dos soluciones igualmente razonables, sin interferir en el núcleo de la potestad de juzgar cuya independencia de criterio predica la Constitución, ya que el amparo no está configurado como una última instancia ni tiene una función casacional, operantes una y otra en el ámbito de la legalidad».* El Tribunal Constitucional concluye que, en lo que respecta al derecho a los recursos, sólo le corresponde fiscalizar si la inadmisión se ha adoptado *«arbitrariamente o intuitu personae»*, entendiendo que *«corresponde al Tribunal Supremo la última palabra sobre la admisibilidad de los recursos de casación ante él interpuestos».*

20. Así lo declaran, entre otros, los AATS de 13 de noviembre de 2014 (RC 2419/2014) y 27 de septiembre de 2012 (RC 1125/2012).
    Sobre la crítica al formalismo en la interposición y preparación del recurso de casación puede verse CORDÓN MORENO (1994: 102-105).
    En un caso puntual se ha admitido la lesión del derecho fundamental a la tutela judicial efectiva. La STC 7/2015, de 22 de enero, reiterada en otros pronunciamientos posteriores, lo declara vulnerado si se aplica un requisito formal, introducido con ocasión de un cambio de criterio jurisprudencial, a los recursos preparados cuando no existía o no se conocía la nueva doctrina y, no habiendo sido posible a la parte ajustarse al nuevo criterio, no se le concede oportunidad alguna de subsanación. Como declara el voto particular que acompaña esta sentencia, la eficacia retroactiva de los cambios de criterio jurisprudencial no puede ser absoluta, aunque en este caso parecía obligada la concesión del amparo atendiendo al canon de racionalidad y la salvaguardia de los principios de seguridad jurídica y buena fe, *«una de cuyas consecuencias se refleja en el paradigma clásico ad impossibilia nemo tenetur (nadie puede ser obligado a lo imposible), en estrecha relación, dadas las peculiares circunstancias de este supuesto, con otro principio clásico en el derecho del procedimiento, como es el de que los actos se rigen por las reglas vigentes en el momento de su producción: tempus regit actum».*
    A partir de esta sentencia, la introducción de un nuevo requisito en la fase de admisibilidad de los recursos parece que exigirá la subsanación por el propio recurrente, con el mismo efecto retroactivo, a fin de ajustarse a las nuevas exigencias. *Vid.* LOZANO CUTANDA (2015). Es inevitable que en la práctica se produzcan situaciones inicuas si no se supera el formalismo a la luz del principio general proclive a la subsanación, que en sede casacional encuentra no obstante su excepción más significativa.
    No han faltado quienes han postulado la subsanación de defectos como principio general o incluso la innecesariedad de abrir un trámite de subsanación cuando del examen de la sentencia recurrida y de los motivos de casación se desprenda que los mismos descansan en normas estatales —o autonómicas—, como GONZÁLEZ PÉREZ (2016: 914-915), a propósito de la preparación del recurso y el denominado juicio de relevancia. Por su parte, MONTOYA MARTÍN (1997: 155-157) propone distinguir entre los defectos subsanables y no

recurso de casación en todas sus fases[21]. Por más que la orientación del recurso hacia el interés casacional objetivo pudiera hacer pensar que tales requisitos se han diluido o relativizado con motivo de la reforma, lo cierto es que en un número muy elevado de casaciones la inadmisión del recurso no se fundamenta en la carencia de interés casacional, sino lisa y llanamente en el incumplimiento de los requisitos formales, y, en especial, de la justificación de la concurrencia del interés casacional objetivo para la formación de jurisprudencia[22].

La actual jurisprudencia constitucional no es indiferente al rigor formal del instituto casacional, que no se ha diluido ni cuando se aprecian defectos formales ni menos aun cuando el recurso se inadmite por carecer de interés casacional, aunque es cierto que, como sostiene VELASCO CABALLERO, las providencias de inadmisión serán *«prácticamente infiscalizables»*, ya que cuanto más discre-

---

subsanables, promoviendo una interpretación conforme al art. 24 de la CE: *«sólo si advertida la parte del defecto y concedido un trámite de subsanación se abstuviera de hacerlo, la consecuencia jurídica procedente es la declaración de no preparación o, en su caso, de no admisión del recurso»*. Y CORDÓN MORENO (1994: 103-104) también critica el cierre de toda posibilidad de subsanar los defectos del escrito de preparación, a la luz del principio general de subsanabilidad de los defectos procesales y de la doctrina constitucional.

21. DE LA PLAZA NAVARRO (1944: 35-36) vinculaba la cuestión del rigor formal a la condición pública como característica de la casación, que prevalece sobre los intereses privados de las partes, *«porque está en el interés del Estado evitar que el recurso se desvíe habilidosamente por derroteros que pudieran desnaturalizar su fin peculiar, al que, una vez más hemos de repetirlo, está subordinado el interés de las partes»*.
Por referencia a las formalidades del recurso de casación, el Tribunal Supremo ha procurado marcar las diferencias con el recurso de apelación. Se ha dicho que tales formalidades se justifican por el carácter extraordinario y eminentemente formal del recurso de casación, *«que, a diferencia de la apelación, es un recurso que está sujeto a específicas reglas formales que la misma Ley de la Jurisdicción establece y sólo puede basarse en las causas taxativamente enumeradas que también se recogen en dicha Ley»* (STS de 29 de septiembre de 2014, RC 5797/2011). También se ha venido repitiendo que el rigor formal no es un mero prurito, *«sino una clara exigencia del carácter extraordinario que el recurso posee, sólo viable, en consecuencia, por motivos tasados, cuya finalidad no es otra que la de depurar la aplicación del Derecho, tanto en el aspecto sustantivo como procesal, que haya realizado la sentencia de instancia»* (ATS de 22 de noviembre de 2007, RC 5219/2006).
Sobre la evolución que ha experimentado la doctrina jurisprudencial del Tribunal Supremo a propósito del grado de exigencia de los requisitos procesales, *vid.* MONTOYA MARTÍN (1997: 40-52), y PAREJO ALFONSO (2014: 949 y ss.).

22. El ATS de 1 de febrero de 2017 (recurso de queja núm. 98/2016), y otros tantos posteriores, subraya que *«lo que impone este precepto como carga procesal insoslayable del recurrente es que, de forma expresa y autónoma, argumente la concurrencia de alguno o algunos de los supuestos del artículo 88.2 y 3 LJCA que permiten apreciar el interés casacional objetivo y la conveniencia de un pronunciamiento de la Sala Tercera. Argumentación, además, que no cabe realizar de forma abstracta o desvinculada del caso concreto planteado, sino que debe proyectarse sobre él como se desprende de la expresión "con singular referencia al caso" que contiene el citado artículo 89.2. f) LJCA. Es decir, esa argumentación específica que exige la ley no se verá satisfecha con la mera alusión o cita a alguno(s) de los supuestos en que la Sala Tercera de este Tribunal podría apreciar ese interés objetivo casacional para la formación de jurisprudencia, sino que será preciso razonar por qué el caso concreto se inscribe o subsume en el supuesto o supuestos que se aducen»*.

cional es la selección de asuntos menos posibilidades existen de denunciar con éxito que ha existido un ejercicio arbitrario de tal poder[23].

En cualquier caso, no puede ser ajena la jurisprudencia del Tribunal Constitucional desde distintas perspectivas procesales que condicionan el devenir del proceso contencioso-administrativo, como son el canon clásico de constitucionalidad a propósito de la aplicación arbitraria de las normas o del error patente, arbitrariedad o irrazonabilidad de la resolución que inadmite el recurso[24]. Y no puede serlo porque la casación en el orden contencioso-administrativo presenta singularidades notables, por más que tradicionalmente se haya visto como un mero implante o sucedáneo de la casación civil en ese orden de jurisdicción, esto es, como una mera recepción de una figura mucho mejor perfilada en los órdenes civil y penal[25].

En efecto, son numerosas las singularidades que ofrece el orden contencioso-administrativo en razón de su función constitucional, tanto en los conflictos interadministrativos como en los conflictos de carácter intersubjetivo que enfrentan a los ciudadanos con las distintas Administraciones Públicas, con la finalidad de tutelar los derechos e intereses legítimos de aquéllos y, también, los intereses públicos a los que sirven éstas[26]. La jurisdicción contencioso--administrativa ha de atender nada menos que al control de la legalidad de la actuación de la Administración Pública y del ejercicio de la potestad reglamentaria, pero también parece innegable que desempeña un papel determinante en el engranaje de la nueva organización territorial del Estado[27].

---

23. VELASCO CABALLERO (2018: 141) lo explica señalando que «*al no haber posible cotejo de la decisión de inadmisión con una regla precisa de admisión, difícilmente se podrá concluir que esa regla se ha aplicado de forma groseramente errónea o arbitrariamente en el caso concreto*».
24. *Ibidem*, págs. 148 y 163-164. A este último respecto refiere varios supuestos en los que la providencia de inadmisión puede infringir el art. 24.1 CE (no mencionar la concreta causa de inadmisión de las enunciadas en el art. 90.4 LJCA, así como vulnerar el principio de igualdad cuando se haya admitido un recurso y en otro idéntico o muy próximo se haya considerado, por el contrario, que carece de interés casacional).
25. *Vid*. PAREJO ALFONSO (2014: 939-940).
26. No estará de más recordar la distinción formulada por E. LAFERRIÈRE entre el «contencioso de plena jurisdicción» y el «contencioso de anulación», según que el juez administrativo resuelva las controversias que surjan entre la Administración y los particulares, al modo en que lo harían los tribunales ordinarios, o que los poderes de los jueces se limiten a la anulación de las decisiones administrativas ilegales. Como señala MUÑOZ MACHADO (2014: 596), esta clasificación fue enriquecida en el siglo XX por las obras de L. DUGUIT y M. WALINE, quienes propusieron distinguir entre el «contencioso objetivo», donde se plantea la conformidad a la legalidad de un acto administrativo, y el «contencioso subjetivo», donde las pretensiones del recurrente se refieren al reconocimiento de un derecho.
27. A este respecto, como señala PAREJO ALFONSO (2018: 343), resulta esencial verdaderamente no perder de vista el principio del control de la actuación del poder público admi-

Las sucesivas reformas de la casación han ido basculando entre sus dos funciones clásicas[28], no necesariamente contradictorias, como son la función de tutela de los derechos e intereses legítimos y la función de dotar de un criterio lógico de uniformidad a las decisiones judiciales que redunde en un control más eficaz de la legalidad de la Administración Pública, que es la función que se pretende potenciar la Ley Orgánica 7/2015, de 21 de julio, mediante la incorporación plena de la noción del interés casacional de los asuntos, en aras de la unificación selectiva en la aplicación e interpretación del ordenamiento jurídico.

Mientras que el proceso judicial contencioso-administrativo, basado tradicionalmente en el principio antiformalista, se erige como un instrumento de tutela judicial que permite fiscalizar el ejercicio de la actividad pública, el recurso de casación en este orden se ha alejado de este planteamiento hasta desvirtuarse

---

nistrativo, «*que forma parte del sistema constitucional de controles de los poderes constituidos y cuya trascendencia, de difícil sobrevaloración, deriva del desplazamiento del centro de gravedad en el equilibrio entre las funciones estatales —como consecuencia de las transformaciones experimentadas por el Estado constituido— hacia el poder-función ejecutivo*».

28. Como hizo notar FAIRÉN GUILLÉN (1957: 669-670), en la concepción primigenia de los revolucionarios franceses la función uniformadora no surgió simultáneamente a la de la defensa de la ley, cuya interpretación era lo que justamente temían aquéllos. Añade que «*este temor, lógicamente, debía desaparecer con mayor rapidez en donde, por razón de la complicación y multiplicidad de sistema de fuentes del Derecho y de las fuentes mismas, la interpretación se hacía vehementemente necesaria*». Por su parte, MONTOYA MARTÍN (1997: 30) considera que la casación española asumió más tardíamente la defensa del *ius litigatoris*, esto es, la tutela subjetiva de los litigantes, y «*con este propósito se suprime el reenvío al Tribunal de instancia para que éste resolviera de nuevo (propio de la casación francesa). Aquí el Tribunal Supremo resuelve sobre el fondo del asunto. Sólo se produce el reenvío para cuando se aprecia un quebrantamiento de las formas esenciales del juicio por infracción de las normas que rigen los actos y garantías procesales*».
De acuerdo con el modelo de casación construido por CALAMANDREI, «*el interés —secundario— del particular en una correcta aplicación de la ley, de la que pudiera derivar la estimación de su pretensión de tutela inicial —que constituye su interés primario— se convierte en un vehículo estatal en el control de la aplicación del Derecho objetivo por los tribunales de inferior grado*», según señala LÓPEZ SÁNCHEZ (2002: 25-27). Apunta este autor que el Estado concede un medio de impugnación para poder controlar la aplicación del Derecho por los tribunales, y, desde este punto de vista, «*aunque el interés en la actuación de los tribunales de casación encuentra su inmediato sujeto en los mismos justiciables, indirectamente es el Estado quien se encuentra interesado en una respuesta judicial uniforme y cierta ante supuestos iguales*» (pág. 39). En este sentido, IGLESIAS CANLE (2000: nota 3), mantiene que la función uniformadora de la jurisprudencia deriva de la defensa del *ius litigatoris*, dado que la tutela de los derechos de los litigantes permite alcanzar un doble objetivo: «*de un lado, defender los derechos constitucionales a la igualdad ante la ley y a la seguridad jurídica y, de otro, alcanzar la uniformidad de la jurisprudencia en cada uno de los órdenes jurisdiccionales*».
Esta misma conclusión puede desprenderse de la redacción vigente del art. 93.1 de la LJCA, pues primeramente la sentencia fijará la interpretación de las normas estatales o europeas y sólo secundariamente «*resolverá las cuestiones y pretensiones deducidas en el proceso*». También se contempla la posibilidad de ordenar la retroacción de actuaciones «*a un momento determinado del procedimiento de instancia para que siga el curso ordenado por la ley hasta su culminación*».

como un simple instrumento, pretendidamente objetivo, para la conformación de la doctrina jurisprudencial.

Sin embargo, nada de esto parece haber impregnado —no al menos en toda su potencialidad— el modelo de casación en ese orden, que ha seguido la configuración formal de la casación civil y, en definitiva, las características comunes a la casación como un instrumento que pretende dotar de un sentido uniforme y coherente al ordenamiento jurídico a través de la tutela de derechos subjetivos, intereses diversos y competencias, pero que no ha acabado de encontrar sus señas de identidad en el orden jurisdiccional que le es propio.

No puede decirse, pues, que la casación contencioso-administrativa se haya subjetivizado con el curso de los años, en el sentido de que se haya centrado en las pretensiones de los litigantes. Con el modelo antiguo de casación ya se observaba una tendencia al formalismo que pone en entredicho esta dimensión de la tutela judicial, pero más claramente con la nueva casación se une a ese formalismo la finalidad preponderante de dicho recurso en este orden de jurisdicción, cual es la unificación de las reglas, normas y principios en la aplicación del Derecho, desligándose por un elemento ajeno a los litigantes de la vocación inherente y peculiar de la jurisdicción contencioso-administrativa en el marco del control objetivo de la legalidad, sustituyendo esa dimensión intersubjetiva por un recurso con importantes limitaciones formales y sujeto a un intenso régimen de selección discrecional.

Esta «objetivización» que se predica del recurso supone que el legislador confíe al Tribunal la apreciación del interés casacional dentro de un margen de discrecionalidad amplio. Se pretende que la legalidad objetiva constituya el parámetro que enmarca el control de la Administración por la jurisdicción contencioso-administrativa, de suerte que la casación *«cumpla estrictamente su función nomofiláctica»* (así puede leerse en la exposición de motivos de la reforma operada por la Ley Orgánica 7/2015), como un instrumento de defensa del Derecho objetivo que avala la existencia del interés casación como presupuesto de admisión, excluyendo las cuestiones de hecho (art. 87 bis.1 LJCA) o incluso la impugnación de determinadas resoluciones. En definitiva, no cualquier resolución, en la filosofía de la reforma, tendría acceso a esta función, incluso aunque sea desfavorable para el justiciable[29].

No cabe desconocer, como se ha expuesto, que la jurisprudencia constitucional imperante concibe el derecho a los recursos como un derecho de confi-

---

29. Es la función unificadora o uniformadora la función predominante de la casación desde hace años. Recuérdese que la Ley 10/1992, de 30 de abril, declaraba en su exposición de motivos que el recurso de casación se mantiene *«dentro de la línea típica de estas acciones de impugnación cuya finalidad básica es la protección de la norma y la creación de pautas interpretativas uniformes que presten la máxima seguridad jurídica conforme a las exigencias de un Estado*

guración legal en el que se pueden establecer limitaciones importantes[30], entre las cuales se encuentra la admisión discrecional, o con rasgos profundamente discrecionales, por parte del tribunal de casación[31]. En el examen de admisibilidad se erige como elemento central el interés casacional, cuya restrictiva interpretación, encaminada a la contribución a la jurisprudencia nueva, inevitablemente comporta en igual medida un sacrificio de la tutela de los derechos e intereses de los litigantes que no superan el filtro que sólo el tribunal de casación está habilitado para apreciar.

---

de Derecho». En opinión de LÓPEZ SÁNCHEZ (2002: 36), *«la necesidad de unificar la jurisprudencia asume el protagonismo, de modo que el esfuerzo por lograr una jurisprudencia uniforme tiene como consecuencia la fijación de la jurisprudencia que ha de hacerse de la ley»*. Participa de esta opinión IGLESIAS CANLE (2000: 130), manifestando que *«la uniformidad de la jurisprudencia es consecuencia directa de la función nomofiláctica del recurso dado su carácter instrumental respecto del fin primordial de procurar la existencia de una doctrina jurisprudencial uniforme [que] se convierte en la razón de ser a la que responde primordialmente el instituto casacional»*.
En este sentido hace algunos años que la Sala Tercera del Tribunal Supremo viene sosteniendo que el recurso de casación pretende atender tanto al interés de los particulares como, también, a un fin público, *«cual es proteger la norma y crear pautas interpretativas uniformes que presten la máxima seguridad jurídica conforme a las exigencias de un Estado de Derecho»*, para reconocer que el objeto fundamental del recurso extraordinario de casación *«no [es] tanto analizar las pretensiones de las partes, como comprobar el proceder de los órganos judiciales de instancia: es decir, tiene como finalidad revisar la aplicación de la ley sustantiva y de la ley procesal, en aras de la tutela judicial efectiva»* (STS de 5 de abril de 2000, RC 1134/1992), que luego han repetido otras tantas resoluciones [entre ellas, por señalar distintas Secciones y ponentes, las SSTS de 9 de octubre de 2014 (RC 1804/2012), 24 de octubre de 2001 (RC 4548/1994) y 20 de julio de 2010 (RC 1979/2009)]. Sobre los fines del recurso desde la óptica jurisprudencial, *vid.* MONTOYA MARTÍN (1997: 53-56).
Por su parte, el Tribunal Constitucional ha declarado que se trata de un recurso que atiende tanto a finalidades privadas como públicas y que es preciso *«conjugarlas y armonizarlas para evitar, en todo caso, lo que la Constitución no quiere, es decir, la indefensión del ciudadano» (STC 6/1989, de 19 de enero)*. No obstante, ha reconocido que la finalidad preferente es la unificación de doctrina, al concluir que la finalidad básica de la casación en un Estado de Derecho, en referencia a la casación civil, *«consiste en fijar y unificar la interpretación jurisprudencial de las leyes, y a la par asegurar el sometimiento del Juez a la ley como garantía de su independencia» (STC 230/1993, de 12 de julio)*.

30.   *Vid.* BORRAJO, DÍEZ-PICAZO y FERNÁNDEZ FARRERES (1995: 43 y ss.) y MONTOYA MARTÍN (1997: 77 y ss.), quien, apoyándose en la doctrina constitucional, manifiesta que, en efecto, la interpretación y aplicación de las reglas que regulan el acceso a los recursos establecidos es una cuestión de legalidad ordinaria, y que *«únicamente cuando se deniegue el acceso al recurso de forma inmotivada, manifiestamente arbitraria o sea consecuencia de un error patente, existe una lesión constitucionalmente relevante del citado derecho fundamental»* (pág. 94). Añade, no obstante, que la *«interpretación más favorable a los derechos fundamentales impone al juzgador, en la aplicación e interpretación de las normas procesales, elegir aquella más beneficiosa para el ejercicio del derecho sin conculcar ningún otro derecho fundamental constitucionalmente protegido, que asiste obviamente, también, a la contraparte»* (pág. 98).
31.   *Vid.* VELASCO CABALLERO (2017: 162), quien subraya que, dada la configuración abierta de los supuestos de interés casacional que recoge la Ley de la Jurisdicción, sobre los que, con alguna excepción, no se establece *«ningún parámetro normativo de referencia»*, la decisión de admitir o inadmitir el recurso es discrecional, no subsuntiva.

Tal y como ocurriera con la reforma del recurso de amparo constitucional, que ha dejado de ser en gran medida un instrumento de garantía de los derechos fundamentales para configurarse como un recurso objetivo, centrado en la fijación de doctrina constitucional en torno a los preceptos constitucionales que reconocen aquéllos[32], la nueva casación potencia de forma explícita la interpretación uniforme del Derecho objetivo para ocuparse de todos aquellos espacios que requieran su esclarecimiento, y sólo secundariamente se ocupa de resolver «las cuestiones y pretensiones deducidas en el proceso» (art. 93.1 LJCA)[33].

La interdicción de la arbitrariedad en la selección discrecional de los asuntos exige que se especifique la razón que justifica la elección o el descarte de cada uno. Para ello, el tribunal de casación ha de dar razones, aunque sea mediante una motivación sucinta en las providencias, más amplia en los autos, de la suerte que correrán los distintos recursos, a fin de justificar en cada caso el carácter discrecional del ejercicio de la jurisdicción[34]. El carácter objetivo del interés casacional reclama un control de la decisión discrecional, por lo que es esencial que la inadmisión contenga una explicación. Sólo un contadísimo número de recursos tendrá acceso a la casación[35], por lo que dicha decisión debe legitimarse en mayor medida por los asuntos que quedan privados de la revisión, sin perjuicio de reconocer la importancia que revestirán los autos de admisión para fijar un criterio y unas pautas orientativas a las que atenerse los operadores jurídicos[36].

Se ha dicho que el margen de discrecionalidad, y la incertidumbre subsiguiente, con que opera el tribunal de casación se ha reducido de forma considerable introduciendo algunas normas que contienen los supuestos indiciarios o las presunciones relativas a la apreciación de la existencia de interés casacio-

---

32. *Vid.* FERNÁNDEZ FARRERES (2015: 127-129) y RAZQUIN (2016: 147).
33. Como señala GÓMEZ-FERRER RINCÓN (2007: 635), *«el empleo de este criterio del interés casacional como condición —necesaria y suficiente— de recurribilidad de una resolución judicial presenta el inconveniente de que, aunque sin desconocerla, relega en gran medida la protección de los derechos e intereses de los particulares. En efecto, no puede olvidarse de que, a diferencia de lo que sucede en el orden jurisdiccional civil, en el contencioso-administrativo existe una única instancia en numerosos supuestos».*
34. Como ha repetido FERNÁNDEZ RODRÍGUEZ (2005: 121), *«el único poder que la Constitución acepta como legítimo es el que se presenta como resultado de una voluntad racional».*
35. Se señalaba *ut supra* que en el año 2022 sólo se admitieron 1.415 recursos de los 9.232 nuevos recursos preparados ante la Sala Tercera del Tribunal Supremo, esto es, un 15,3% del total.
36. Ha de subrayarse que los autos que resuelven los recursos de queja interpuestos contra los autos que deniegan la preparación del recurso de casación tienen asimismo un papel determinante en la construcción jurisprudencial de los criterios interpretativos del régimen jurídico de la casación contencioso-administrativa (en lo atinente a los sujetos legitimados, los plazos, las resoluciones recurribles y, en especial, los supuestos de interés casacional objetivo individualizados en los arts. 88.2 y 88.3 LJCA).

nal[37], en referencia a los supuestos individualizados en los apartados 2 y 3 del art. 88 LJCA. Es cierto también que en la casación civil son muy pocos los supuestos en los que puede apreciarse interés casacional y, sin embargo, la Sala Primera ha establecido una serie de criterios[38] que permiten orientar la admisión de los recursos para no basarse en un mero voluntarismo u oportunidad jurisprudencial.

Es más, en la práctica de la admisión del recurso de casación por la Sala Tercera ha pesado mucho más un desarrollo reglado o subsuntivo que puramente discrecional. De concurrir los requisitos procesales del escrito de preparación, incluyendo la justificación del interés casacional, y alguno de los supuestos previstos en la LJCA, razones ancladas en los principios de legalidad, seguridad jurídica y tutela judicial efectiva han avalado que la Sala aprecie interés casacional, explicitando el auto de admisión la razón o las razones que así lo sustentan. Paralelamente, la inadmisión basada en alguna o algunas de las circunstancias que establece el art. 90.4 LJCA encontraría serias dificultades, desde la perspectiva de las exigencias de motivación que derivan del art. 24.1 CE, si aquellos requisitos formales concurren.

Desde este punto de vista, si bien se ha dicho que la reforma de la casación contenciosa se ha inspirado en el *writ of certiorari* y en el amparo constitucional, en su aplicación en estos años se aproxima a la casación civil, como se explicará más adelante con ocasión del análisis de la infracción de jurisprudencia, su relación con el interés casacional, la propuesta de reforma *de lege ferenda* y examen correlativo de la nueva redacción introducida en el artículo 88.3.b) de la LJCA por el Real Decreto-ley 5/2023, de 28 de junio.

---

37. *Vid.* a este respecto MENÉNDEZ PÉREZ (2019: 136) y SANTAMARÍA PASTOR (2018, I: 45), quien mantiene que el listado de supuestos *«racionaliza la toma de decisiones por parte del Tribunal Supremo, evitando la formulación de criterios erráticos, por subjetivos o coyunturales, que arrojarían una imagen de arbitrariedad en la admisión o inadmisión de los recursos; y, sobre todo, proporciona a los litigadores una orientación sumamente valiosa acerca de las justificaciones que pueden alegar, lo que evitará —al menos, en parte— la construcción de razonamientos imaginativos»*. En sentido similar, VELASCO CABALLERO (2018: 142) señala que, aunque la admisión basada en el interés casacional es conforme con el art. 24 CE y el art. 6.1 CEDH, *«es necesario un catálogo de criterios previsibles, legales o jurisprudenciales»*, como el que establece el art. 88.2 LJCA, a fin de salvaguardar la seguridad jurídica, en sintonía con los criterios que estableció la STC 155/2009, de 25 de junio, en relación con la especial trascendencia constitucional. Y LÓPEZ MENUDO (2021: 112-113), por su parte, entiende que las determinaciones de los apartados 2 y 3 del art. 88 LJCA tienen un carácter orientador en la búsqueda del interés casacional, aun reconociendo la amplia libertad de que dispone el tribunal de casación. Lamenta, en cualquier caso, que esa *«potestad prácticamente discrecional»*, junto con la inexistencia de la doble instancia, determina que el sistema *«se distancie más de lo deseable del derecho a la tutela judicial efectiva ex* art. *24 CE»*. Por el contrario, MESTRE DELGADO (2016: 1.029) considera que *«no deberían establecerse supuestos específicos»* mediante el sistema de lista que establece el art. 88 de la LJCA, sino que el tribunal de casación habría de seleccionar con libertad.

38. Acuerdo de la Sala Primera de 30 de diciembre de 2011 (JUR 2012, 2657), relativo a los *«criterios de admisión de los recursos de casación y extraordinario por infracción procesal»*.

Ineficiencias principales de la casación en el sistema de justicia administrativa

SUMARIO: 1. CASACIÓN CONTRA LAS SENTENCIAS DE LOS JUZGADOS. 2. CASACIÓN CONTRA LOS AUTOS DE LAS SALAS DE LO CONTENCIOSO-ADMINISTRATIVO. 3. RECURSO DE CASACIÓN ESTATAL *VS.* DERECHO AUTONÓMICO. 4. LA INFRACCIÓN DEL DEBER DE MOTIVACIÓN. 5. LA INFRACCIÓN DEL DEBER DE CONGRUENCIA: COMPLEMENTO DE SENTENCIA Y NULIDAD DE ACTUACIONES. 6. LA INUTILIDAD DEL PRIMER CONTROL DE ADMISIBILIDAD POR EL ÓRGANO JURISDICCIONAL DE INSTANCIA. 7. LA MARGINACIÓN DEL INTERÉS CASACIONAL POR EL RIGOR FORMAL DE LA FASE DE ADMISIÓN.

Algunas ineficiencias derivadas de la regulación del recurso de casación saltan a la vista en esta línea de análisis, comprometiendo la plenitud del derecho a la tutela judicial ante determinadas situaciones que se aprecian en la práctica cotidiana. Se analizan seguidamente.

1. CASACIÓN CONTRA LAS SENTENCIAS DE LOS JUZGADOS

En su art. 86.1, párrafo segundo, la nueva Ley jurisdiccional abre el recurso a las sentencias dictadas por los órganos unipersonales de la jurisdicción, dictadas en única instancia (no susceptibles de apelación), con dos condiciones o requisitos de recurribilidad: (i) que sean susceptibles de extensión de efectos y (ii) que contengan doctrina que se repute gravemente dañosa para los intereses generales.

El primer requisito se ha interpretado en el sentido de que son recurribles las sentencias estimatorias que reconocen una situación jurídica individualizada a favor de una o varias personas en materia tributaria, de personal y de unidad de mercado, de manera que la recurrente en casación es indefectiblemente la Administración.

El segundo requisito, por su parte, consiste en que la sentencia del Juzgado contenga doctrina gravemente dañosa para los intereses generales. Se trata de una circunstancia que simultáneamente determina la posible existencia de interés casacional en virtud del art. 88.2.b) LJCA. Este requisito del grave daño a los intereses generales recuerda al extinto recurso de casación en interés de la ley, que permitía fijar la denominada «doctrina legal» con valor normativo vinculante pero sin alterar la situación jurídica individual derivada de la sentencia recurrida. En la actual casación la sentencia no establece una doctrina legal vinculante, sino que esclarece el sentido de las normas cuya interpretación se ha puesto en tela de juicio, procediendo seguidamente a resolver *las cuestiones y pretensiones deducidas en el proceso*.

La extensión del ámbito objetivo de la casación a las sentencias de los órganos unipersonales, que no figuraba inicialmente en la propuesta de reforma, no ha implicado una avalancha de nuevos recursos de casación en el Tribunal Supremo, sino que su tratamiento ha sido esencialmente el mismo al de cualquier otra sentencia de las Salas de los órganos colegiados, dejando a salvo el doble requisito de recurribilidad. A lo que se une que los Juzgados actúan, fundamentalmente, como jueces del Derecho local, de modo que sus sentencias están más centradas en los asuntos de competencia municipal que en los intereses generales, cuando no en la normativa autonómica, no necesariamente estatal ni del Derecho europeo.

A falta de una generalización de la segunda instancia, que seguramente permitiría una respuesta más lógica de estos asuntos que el conocimiento en grado de casación o apelación bis, la admisión ha venido condicionada a la presencia de interés casacional cifrado en la posible repetición en el futuro de la doctrina plasmada en la sentencia, en la entidad del perjuicio, la existencia de pronunciamientos contradictorios de los órganos jurisdiccionales o la pluralidad de personas afectadas; todas ellas circunstancias no muy alejadas de los criterios de interpretación seguidos hasta hace unos años en la admisión de los recursos de casación en interés de la ley[39].

---

39. Así, la STS de 13 de mayo de 2015 (RCIL 1607/2014), alude a la probabilidad de la repetición futura de la doctrina plasmada en la sentencia impugnada, al señalar que *«el grave daño para el interés general, requisito indispensable para que pueda prosperar un recurso de casación en interés de ley, está en función de una posible posterior y repetida actuación de los Tribunales de instancia, al conocer casos iguales, que se suponen de fácil repetición, por lo que se trata de conseguir que el Tribunal Supremo, sin alterar la situación jurídica particular derivada de la sentencia recurrida, fije la doctrina legal que en el futuro habrá de aplicarse a otros supuestos equivalentes que se presenten»*. Así pues, no resulta operativo cuando se trata de un caso singular y excepcional o que afecta a un número reducido de personas [SSTS de 30 de abril de2007 (RCIL 22/2005), 10 de febrero de 2011 (RCIL 62/2009) y 10 de febrero de 2012 (RCIL 1470/2011)]. Y, de forma complementaria, la STS de 12 de mayo de 2016 (RCIL

2. CASACIÓN CONTRA LOS AUTOS DE LAS SALAS DE LO CONTENCIOSO-ADMINISTRATIVO

Se ha mantenido casi sin cambios la redacción del art. 87.1 LJCA, con el simple añadido de los autos de extensión de efectos al listado tasado de esta clase de resoluciones judiciales, siendo posible, en teoría, recurrir los autos de las Salas de lo Contencioso-Administrativo allí contemplados. Es lo cierto, sin embargo, que la casación ha sido esquiva con dichos autos. Se ha venido diciendo que ningún interés casacional revisten cuestiones como la tutela cautelar, la ejecución de sentencias, la denegación de los medios de prueba, la valoración de la prueba, la motivación de las resoluciones judiciales y su exigible congruencia, etc.[40].

Difícilmente podía operar el mecanismo del interés casacional objetivo en relación con los recursos interpuestos contra los autos referidos en el art. 87.1 LJCA, como era previsible, no sólo porque es constante la doctrina sobre el régimen de la tutela cautelar o la ejecución de sentencias, sino por el cariz eminentemente casuístico de los asuntos. Es por eso que el nuevo recurso de casación es un instrumento de la tutela judicial efectiva de una muy limitada o incluso nula eficacia en relación con estas cuestiones.

Más que el esclarecimiento de las normas procesales quizá el planteamiento del legislador podría haber estado encaminado a no limitar los autos recurribles, encorsetándolos en el esquema de la casación anterior[41], sino a permitir el exa-

---

1434/2015) se refiere a la entidad del perjuicio: *«no basta un mero daño a los intereses generales, sino que el daño o la afectación negativa a los intereses generales ha de ser grave. Y, por lo que hace al caso, la gravedad se concreta en la segura proyección de dicha doctrina a una pluralidad de supuestos, de tal modo que el error tenga ese efecto multiplicador que este peculiar recurso en interés de la Ley pretende atajar y evitar».* Concretando la STS de 20 de octubre de 2011 (RCIL 6/10), que el grave daño *«será de apreciar cuando la solución adoptada por ella sea capaz de causar un perjuicio en los intereses generales que merezca ser calificado de gran entidad, bien por su elevado alcance económico, bien por la importancia cualitativa del concreto interés que resulte afectado».*

La doctrina jurisprudencial había explicitado requisitos adicionales en aplicación del art. 100 de la LJCA. Así, el grave daño al interés general había de justificarse por el recurrente de forma concreta y precisa, sin que valieran las referencias a perjuicios futuros e hipotéticos o la simple afirmación de su existencia [SSTS de 3 y 10 de febrero de 2014 (RCIL 76/2010 y 5837/2011), y de 24 de enero y 22 de octubre de 2012 (RCIL 36/2010 y 5303/2011)]. Podía ser de carácter patrimonial, organizativo o de cualquier otra naturaleza, pero no lo constituía la sola colisión entre dos intereses públicos hechos valer por distintos entes públicos [SSTS de 9 de julio de 2014 (RCIL 692/2013) y 15 de diciembre de 2011 (RCIL 17/2010)].

40. *Vid.* MENÉNDEZ PÉREZ (2019: 130).

41. Más que en el esclarecimiento de las normas, el recurso de casación contra autos descansa, con la excepción de los que resuelven incidentes de medidas cautelares, *«en la resolución de cuestiones concretas particularmente apegadas a un supuesto de hecho»*, como advierte MESTRE DELGADO (2016: 1.022), razón por la cual defiende que el legislador podría haber permitido al tribunal de casación elegir libremente las resoluciones que en cada caso presentan interés casacional, en lugar de atender problemas tan concretos.

men de todos aquellos que infrinjan la jurisprudencia o que planteen alguna cuestión de interés en la formación de la jurisprudencia.

Se volverá sobre ello más adelante al hilo de la casación contra sentencias y de la propuesta *de lege ferenda* sobre este recurso extraordinario.

3. RECURSO DE CASACIÓN ESTATAL *VS.* DERECHO AUTONÓMICO

Que cada Tribunal Superior de Justicia cuente con una suerte de sucedáneo de la casación contencioso-administrativa, cuyas deficiencias han sido adverti-das desde el primer momento por distintos autores[42], no facilita la uniformidad en la interpretación del ordenamiento jurídico en los distintos territorios ante disposiciones legislativas con escasas diferencias entre unas y otras Comuni-dades, cuando no idénticas.

El hecho de que los recursos contra la actividad de la Administración, resueltos en una única instancia, no tenga posibilidad de revisión ante el Tri-bunal Supremo por estar basados en la normativa autonómica, con la sola excep-ción de la invocación de la legislación básica[43], no deja de ser cuestionable desde la perspectiva de la función constitucional de control del poder público y de aseguramiento de la garantía de servicio al interés general (arts. 106.1 y 103.1 de la CE), siendo perfectamente posible que resoluciones judiciales con evi-dentes deficiencias formales y aun de fondo, no accedan al tribunal de casación. Valgan como ejemplo las resoluciones judiciales en materia de Derecho urba-nístico, que en sede casacional se han reducido de forma exponencial a lo largo de los últimos años, al estar basadas en el juego conjunto de la legislación básica estatal y de la legislación autonómica, a cuya interpretación se contrae la mayo-ría de los pleitos[44].

Es más, constituye una anomalía evidente en el sistema de justicia admi-nistrativa que un mismo acto administrativo tenga aparejado un régimen de control diverso (en primera o única instancia y en grado de apelación) según cuál sea la Administración autora del acto (ante el Juzgado y ante la Sala de

---

42. De forma destacada, *vid.* CASADO (2019).
43. Los pronunciamientos del Tribunal Supremo a propósito de las matizaciones y excepciones a la regla de la irrecurribilidad del Derecho autonómico son sumamente reveladores, ya que demuestran que por mucho que las normas autonómicas nazcan en ámbitos competenciales exclusivos no son inmunes ni ilimitadas, sino que entran en concurrencia con otras com-petencias estatales exclusivas, como es el caso singular de las leyes básicas.
44. *Vid.* FERNÁNDEZ TORRES (2017). *Vid.* asimismo NIETO GARRIDO (2020), quien recoge en su monografía los pronunciamientos recientes en materia de urbanismo que la propia Sala Tercera ha considerado que presentan interés casacional objetivo para la formación de jurisprudencia, además de aquellos otros que, a juicio de la autora, podrían presentar en el futuro inmediato interés casacional y resolver definitivamente los problemas más acucian-tes en materia de planeamiento urbanístico y territorial.

apelación o sólo ante la Sala jurisdiccional, según proceda de una Administración local o de una Administración autonómica o local). No deja tampoco de ser inconsecuente que las Salas de lo Contencioso-Administrativo de los Tribunales Superiores de Justicia conozcan de ciertos actos procedentes de la Administración del Estado regidos por el Derecho estatal y que, sin embargo, no se asigne al Tribunal Supremo el conocimiento del Derecho autonómico para garantizar la unidad del ordenamiento jurídico, al menos en aquellos supuestos en los que existen evidentes entrecruzamientos competenciales[45]. Ni tan siquiera parece metodológicamente adecuado hacer distinciones entre lo básico y lo no básico si el objetivo último es conseguir un engranaje armónico de las competencias[46].

Y es que resulta artificioso separar unas y otras en aras de delimitar las reglas de competencia objetiva de los órganos jurisdiccionales. Y sin embargo se ha venido considerando ajustada a la LJCA —no parecía factible otra alternativa— la simultánea casación basada en el Derecho estatal y autonómica, dejando generalmente en suspenso esta última[47]. No es ocioso recordar que la *ratio decidendi* es única, aunque pueda integrarse por normas procedentes de ambos subsistemas normativos. Que el justiciable tenga que duplicar los escritos preparatorios en estos casos, extrayendo del pleito unas normas u otras para su articulación separada en cada uno, además de demorar la respuesta y de someterle a una sucesiva condena en costas puede tener un serio impacto sobre la estrategia del recurrente en sede casacional, al suponer un condicionamiento que puede resultar incompatible con la naturaleza compleja del pleito y de los motivos articulados en el recurso en la instancia o en apelación.

La unificación de la interpretación de la ley es un interés prevalente en el Estado de Derecho, puesto que la conjugación de los principios de igualdad y

---

45. Sobre la pluralidad de ordenamientos jurídicos y la articulación de los ordenamientos estatal y autonómico en el «supraordenamiento constitucional», *vid.* GARCÍA DE ENTERRÍA y FERNÁNDEZ RODRÍGUEZ (2015, I: 306 y ss.) y FERNÁNDEZ FARRERES (2005: 163 y ss.).

46. MUÑOZ MACHADO (2012: 132) explica la reforma de la Ley Fundamental de Bonn de 2006 para ilustrar cómo podría reexaminarse la *fórmula «legislación básica-legislación de desarrollo»*, apelando a justificaciones como la unidad jurídica y económica para que *«los bloques normativos que se refieren a una misma materia [sean] más coherentes y presenten una mayor integración, lo cual puede conseguirse usando el expediente técnico de que la legislación estatal ocupe más intensamente la regulación y la autonómica pueda concurrir a completarla en los términos en que aquella lo autorice. Es decir que puede recuperarse la técnica de la habilitación, que debería operar con naturalidad en el campo de las competencias exclusivas».*

47. En este sentido, la tramitación de la casación estatal tiene preferencia sobre la autonómica cuando las normas alegadas (estatales o comunitarias europeas) están referidas a la pretensión principal y la decisión del Tribunal Supremo pudiera condicionar el resultado de la casación autonómica. Por el contrario, si las infracciones de aquellas mismas normas no condicionan el resultado de la casación autonómica, por venir referidas a la pretensión subsidiaria, será esta última casación la que tenga preferencia. *Vid.* ATS de 17 de julio de 2017 (RC 1271/2017).

seguridad jurídica exige una jurisprudencia uniforme. Esta pluralidad de ordenamientos y de organizaciones la reducía SANTI ROMANO a la unidad:

«si se quiere definir un ordenamiento jurídico en su totalidad, no pueden considerarse solo sus partes individuales o aquellas que se consideren como tales, esto es, las normas que en él se comprenden, para señalar después que aquel es el conjunto de tales partes, sino que precisamente es necesario dar la nota característica, la naturaleza de ese conjunto o de ese todo» [48].

El Estado ostenta competencia para fijar las bases o incluso la completa regulación normativa en muchos sectores de la actividad administrativa, como los contratos, la responsabilidad patrimonial, la expropiación forzosa, los bienes públicos… La confluencia de títulos competenciales sobre estas materias exige habitualmente un examen conjunto de las normas estatales y autonómicas. Por ello no deja de ser contradictorio con la finalidad perseguida por el recurso de casación que se excluyan inexorablemente de la casación ante el Tribunal Supremo las sentencias de los Tribunales Superiores de Justicia que se fundamentan en la aplicación del Derecho autonómico [49], puesto que la firmeza que pueden alcanzar tales resoluciones conduce a la coexistencia de tantas interpretaciones como tribunales de este tipo existen, lo cual puede repercutir en los derechos e intereses legítimos de los ciudadanos desde la perspectiva de la igualdad ante la ley y aun en la aplicación de la ley [50].

No de otra forma puede conseguirse la uniformidad jurídica esencial que debe caracterizar al Estado autonómico español. La fragmentación de la legalidad, que es fruto de la complejidad de la organización del Estado y de una sociedad económica avanzada, no puede ir seguida de una paralela fragmentación en las decisiones judiciales, pues entonces, a buen seguro, lo que se resquebrajará es la unidad del sistema político, del orden económico y del ordenamiento jurídico.

SANTAMARÍA PASTOR alerta de los riesgos de que la descentralización acabe por arrumbar el propio recurso de casación y la labor esencial del Tribunal Supremo como cúspide de los distintos órganos jurisdiccionales [51]. De no remediarlo, el recurso de casación dejará de ser la *«técnica de aplicación en última instancia de todo el Derecho»*, puesto que:

---

48.   *Vid.* su obra *El ordenamiento jurídico*, Instituto de Estudios Políticos, Madrid, 1963, pág. 96).

49.   En esta línea, *vid.* ALONSO MAS (2013: 114), quien vincula el papel constitucional del Tribunal Supremo con el principio constitucional de unidad, y GÓMEZ-FERRER RINCÓN (2007: 619), quien subraya que la casación sirve a dicho principio, *«en un fino equilibrio con el principio de autonomía»*.

50.   *Vid.*, en este sentido, GÓMEZ-FERRER RINCÓN (2007: 618-619).

51.   *Vid.* SANTAMARÍA PASTOR (2010: 868). También PAREJO ALFONSO (2018: 349 y 351) entiende que es injustificada, y no necesariamente derivada del art. 152.1 de la Constitución, la restricción de la casación de la que conoce el Tribunal Supremo al Derecho estatal y

«(…) *el imparable proceso de descentralización que ha experimentado el aparato del Estado en los últimos lustros llevará, en no mucho tiempo, a una situación en la que la mayor parte del ordenamiento jurídico estará constituido por normas aprobadas por estos poderes territoriales; normas cuya aplicación en última instancia se ha confiado a los Tribunales Superiores de Justicia, y también mediante recursos de casación ad hoc (véanse los arts. 199 y 101, además del apartado 4 del art. 86). La consecuencia es fácilmente imaginable: la función interpretativa máxima que hoy ejerce el Tribunal Supremo y el recurso de casación se va a ver reducida a un sector del ordenamiento en regresión creciente, por más que afecte a normas centrales y vertebrales de aquél (mientras continúen siéndolo)*».

4. LA INFRACCIÓN DEL DEBER DE MOTIVACIÓN

Como es sabido, la Ley Orgánica 7/2015, de 21 de julio, al reformar la Ley de la Jurisdicción, prescinde de los cauces procesales específicos para hacer valer determinadas infracciones, que en la anterior redacción de la Ley estaban recogidos en el art. 88.1, coincidiendo con la enumeración de los motivos de la casación civil[52]. Lo que en la regulación anterior se conocía como la infracción de las normas reguladoras de la sentencia no sólo no figura en la regulación actual, sino que el tribunal de casación no ha venido atribuyendo interés alguno a tales infracciones, dado que ya existe una abultada y consolidada jurisprudencia que hace innecesarios nuevos pronunciamientos jurisprudenciales, pues entran en el terreno de la casuística en su proyección y aplicación, circunstanciadas a cada ámbito y litigio. Es perfectamente posible que una sentencia carente de motivación no tenga acceso a la casación y devenga firme.

La admisión de la casación contencioso-administrativa, si bien depende de la invocación de una concreta infracción del ordenamiento jurídico, tanto pro-

---

europeo, que deja incompleta la función del Alto Tribunal desde la perspectiva de la «generación y aseguramiento de la jurisprudencia en un sistema, como el nuestro, de unidad del Estado (y, por tanto, de su ordenamiento jurídico) y unicidad del poder judicial, teniendo en cuenta que la legitimación del control judicial no procede del bloque principal democracia-pluralismo político, sino del conjunto de los que se subsumen en el Estado de Derecho». LÓPEZ MENUDO (2018: 32) refiere asimismo que el art. 152 de la Constitución, al establecer que los Tribunales Superiores de Justicia culminan la organización judicial en el ámbito territorial autonómico, lo hace «sin perjuicio de la jurisdicción que corresponde al Tribunal Supremo», que no es sólo superior sino supremo, «investido, amén de la función de juzgar, de otras funciones que son suyas e indeclinables (…). Se trata del necesario contrapeso centripetador en un modelo de Estado descentralizado».
Coincido con estos planteamientos, como expresé señaladamente en mi trabajo «La unidad jurisdiccional en el Estado autonómico: la posición constitucional del Tribunal Supremo», publicado en el libro homenaje al profesor SANTAMARÍA PASTOR en 2014.

52. *El precepto se refería a cuatro motivos: «a) Abuso, exceso o defecto en el ejercicio de la jurisdicción. b) Incompetencia o inadecuación del procedimiento; c) Quebrantamiento de las formas esenciales del juicio por infracción de las normas reguladoras de la sentencia o de las que rigen los actos y garantías procesales, siempre que, en este último caso, se haya producido indefensión para la parte, y d) Infracción de las normas del ordenamiento jurídico o de la jurisprudencia que fueran aplicables para resolver las cuestiones objeto de debate».*

cesal como sustantiva, o de la doctrina jurisprudencial, se ha de fundamentar especialmente, según el art. 89.2.f) LJCA, en que el recurso presenta interés casacional en aras de contribuir a la depuración del Derecho y al establecimiento de una doctrina jurisprudencial que permita complementarlo con la doctrina jurisprudencial resultante de la aplicación e interpretación del Derecho.

Naturalmente, el deber de motivación, al igual que el de congruencia que se examina a continuación, deben seguir siendo observados, pero el centro de gravedad en el enjuiciamiento de la resolución se ha desplazado hacia el interés casacional que despierte el asunto, con independencia de que la resolución incurra en las deficiencias apuntadas.

Ante la más que probable inadmisión a trámite de toda casación que denuncie la infracción del deber de motivación, al menos por esa sola causa, cabe plantear si pudiera revisarse en amparo el error en la fundamentación jurídica de la sentencia. Pues bien, la respuesta en principio es negativa, con la excepción de aquellos casos en los que la resolución judicial resulte arbitraria por ser manifiestamente infundada o afectar a otros derechos constitucionales especialmente protegidos. La STC 108/2013 recuerda, en ese sentido, que:

> *«si bien el derecho a la tutela judicial efectiva, garantizado en el art. 24.1 de la Constitución, comprende el de obtener de los jueces y Tribunales una resolución motivada y fundada en Derecho sobre el fondo de las pretensiones oportunamente deducidas por las partes en el proceso», este derecho «no incluye un pretendido derecho al acierto judicial en la selección, interpretación y aplicación de las disposiciones legales, salvo que afecte al contenido de otros derechos constitucionales distintos al de tutela judicial efectiva (recientemente, entre otras, SSTC 3/2011, FFJJ 3 y 5, y 183/2011, FFJJ 5 y 7). Así pues, la simple discrepancia de las partes con una resolución judicial, aun fundada en otra interpretación posible de la legalidad aplicada, incluso por plausible que ésta resulte, no convierte el correspondiente razonamiento judicial en arbitrario o manifiestamente irrazonable ni, menos aún, obliga a este Tribunal a elegir entre las interpretaciones posible cuál es la que debe prevalecer (SSTC 59/2003, FJ 3; 140/2005, FJ 5; y 221/2005, FJ 5) (STC 13/2012, FJ 3)».*

Así pues, no son idóneos ni la casación ni el amparo constitucional para pretender la anulación de una sentencia por considerar errónea su fundamentación jurídica, a excepción de que esta sea manifiestamente irrazonable y, por eso mismo, incursa en arbitrariedad. En tal caso pesaría sobre el recurrente la carga de agotar las instancias judiciales y denunciar la falta de motivación determinante de indefensión a fin de que, en su caso, el peregrinaje le devuelva nuevamente a la vía judicial, en la que, a buen seguro, salvo que hayan variado las circunstancias, obtendrá un pronunciamiento mejor fundado, pero igualmente contrario a sus intereses. Motivar mejor no implica, obviamente, estimar el recurso.

5. LA INFRACCIÓN DEL DEBER DE CONGRUENCIA: COMPLEMENTO DE SENTENCIA Y NULIDAD DE ACTUACIONES

Cuando se denuncia que la sentencia incurre en incongruencia omisiva carecerá el recurso de todo interés casacional a ese respecto, salvo que se haga valer ante la Sala Tercera que se ha pedido la subsanación de la falta o transgresión en la instancia mediante a través del trámite del complemento de sentencia de los arts. 267.5 LOPJ y 215.2 LEC, en relación con el vicio de incongruencia omisiva alegado en la preparación[53].

En la regulación vigente, el art. 89.2.c) LJCA recoge este tipo de infracción procesal, exigiendo que en el escrito de preparación se acredite si la infracción imputada *«lo es de normas o de jurisprudencia relativas a los actos o garantías procesales que produjo indefensión»* y que *«se pidió la subsanación de la falta o transgresión en la instancia, de haber existido momento procesal oportuno para ello»*. En síntesis, los requisitos que debe reunir el motivo basado en la infracción de este tipo de normas procesales, de acuerdo con la STS de 27/1/2012 (RC 616/2008), son los siguientes: (i) que se cite la norma que se considera vulnerada dando lugar a la lesión de una garantía procesal; (ii) que no se trate de una mera irregularidad no invalidante, sino que estemos ante una lesión efectiva de las normas legales que rigen el proceso; (iii) que la contravención produzca indefensión de carácter material (arts. 238.1 y 240.1 de la LOPJ), al traducirse en una limitación del derecho de defensa, y (iv) que se haya pedido la subsanación de la falta o transgresión en la instancia.

Cabría aquí plantearse qué requisitos y trámites han de seguirse para poder recurrir en amparo la infracción por la sentencia del deber de congruencia cuando tenga trascendencia constitucional. Con todo, debe advertirse que el requisito de la especial trascendencia constitucional, introducido por la Ley Orgánica 6/2007, que modificó la LOTC, constituye una barrera muy difícil de franquear, como es sabido. Sólo por referencia al año 2022 es revelador que del total de decisiones sobre admisión y tramitación adoptadas a lo largo del año en materia de amparo (7.305, cifra que resulta de la suma de las providencias de admisión, en su caso los autos de admisión en súplica, los autos y las providencias de inadmisión y los autos y las providencias de terminación de asuntos), solamente el 2,83% dio lugar a la tramitación de los recursos de amparo para su posterior resolución por sentencia y el restante 97,17% conllevó el archivo del recurso[54].

---

53. Así se ha venido entendido desde los primeros autos de la nueva casación, de forma que si en la instancia no se ha promovido el complemento de sentencia *«no se podrá entrar siquiera a considerar la conveniencia de resolver sobre tal incongruencia omisiva o por error»* (ATS de 27 de junio de 2018, RC 2359/2018).
54. Puede verse, a este respecto la Memoria del Tribunal Constitucional del año 2022 en el siguiente vínculo: https://www.tribunalconstitucional.es/es/jurisprudencia/InformacionRelevante/Memoria%202022.pdf (pág. 52).

El art. 44 LOPJ enuncia los requisitos que han de cumplirse para que pueda interponerse recurso de amparo constitucional frente a las violaciones de derechos y libertades susceptibles de amparo que tuvieran su origen *«inmediato y directo en un acto u omisión de un órgano judicial»*.

Cabe distinguir dos casos:

a) En aquellos en los que hubo oportunidad de denunciar en el proceso la vulneración del art. 24 CE por el vicio de incongruencia de la sentencia recurrida, es preciso que el recurrente así lo haya hecho, ya fuera en la demanda o en la contestación del recurso, no pudiendo, en otro caso, acudir a esta vía de amparo. En estos supuestos, así como en aquellos en los que la sentencia se pronuncia directamente sobre el vicio de incongruencia, aun sin haberlo solicitado las partes, podrá recurrirse directamente en amparo ante el TC.

b) Si el recurrente no tuvo ocasión de denunciar la lesión del derecho fundamental del art. 24 CE antes de que recayera sentencia, por haberse cometido esta infracción en una sentencia frente a la que no quepa ya recurso en vía ordinaria, entonces tendrá que plantear previamente un incidente de nulidad de actuaciones, regulado en el art. 241.1 LOPJ y en el art. 228 LEC.

Se trata de un incidente excepcional y subsidiario, pero que se ha visto potenciado tras la reforma del art. 241.1 LOPJ por la Ley Orgánica 6/2007, que lo modificó para admitir la invocación en él de la vulneración de cualquier derecho fundamental recurrible en amparo (antes solamente se admitía frente a infracciones del art. 24 CE). Dice la STC que este incidente *«se incardina en el sistema de garantías de los derechos fundamentales (STC 43/2010, de 26 de julio), con la finalidad de agotar la vía jurisdiccional previa al recurso de amparo, dando ocasión al órgano judicial para reparar las vulneraciones de los derechos que se cometan en resoluciones frente a las que no quepa recurso, sin que de su inadmisión o desestimación se derive, por regla general, vulneración autónoma de los mismos (SSTC 107/2011, de 20 de junio, FJ 1; y 25/2012, de 27 de febrero, FJ 5, y ATC 124/2010, de 4 de octubre, FJ 2)»* (STC 187/2012, de 29 de octubre).

Es, por tanto, un requisito preceptivo para poder interponer recurso de amparo constitucional contra las sentencias que incurran en una vulneración constitucional que no haya podido denunciarse durante el proceso, como sucede con el principio de congruencia por sentencias dictadas en única instancia o en vía de recurso frente a las cuales no quepa ulterior recurso en vía ordinaria. Ha declarado el Tribunal Constitucional que *«en los supuestos en que se alegue la existencia de un vicio de incongruencia omisiva que no pueda ser reparado en la vía ordinaria resulta necesario acudir al incidente de nulidad de actuaciones con carácter previo a la interposición del recurso de amparo, para, en respeto de la subsidiariedad de esta jurisdicción, agotar correctamente la vía judicial»* (STC 51/2010, de 4 de octubre).

En lo que atañe específicamente al recurso de casación, el ATC 65/2018, de 18 de junio, declara dicho recurso extraordinario como requisito previo al planteamiento del recurso de amparo, toda vez que sólo al tribunal de casación corresponde apreciar el interés casacional objetivo. Ello engarza con la doctrina que recoge la Sala Tercera en el ATS de 11 de diciembre de 2017 (RC 3711/2017) en relación con la incongruencia *ultra petita* y *extra petita*, que hace depender la inimpugnabilidad de la resolución judicial de instancia de haberse recurrido en sede casacional, de suerte que sólo cuando es inadmitido el recurso de casación y la resolución de instancia ya no es susceptible de recurso alguno, puede entonces acudirse al incidente de nulidad de actuaciones.

Con este planteamiento se pone en entredicho la finalidad misma de la reforma emprendida por el legislador en este orden jurisdiccional, como es la resolución selectiva de aquellos asuntos necesitados de clarificación en aras de la aplicación judicial uniforme del Derecho. Y ello porque al tiempo que se dificulta el acceso al recurso de casación y se reconoce un amplio margen de discrecionalidad en su admisión a trámite, se fuerza al recurrente a agotar el recorrido judicial y al tribunal de casación a conocer de esta clase de asuntos[55], por más que sea incierta la admisión, cuando no claramente improcedente si versa sobre la posible vulneración de garantías procesales. Y ello con el desgaste en términos de tiempo y de coste económico que supone la exigencia de acudir a la casación como requisito para plantear ante el órgano jurisdiccional de instancia el incidente de nulidad contra la resolución impugnada sin éxito en casación y, por consiguiente, firme.

No está de más reseñar que el Tribunal Europeo de Derechos Humanos ha fijado como doctrina que el agotamiento de las vías internas de recurso se refiere a aquellos que resulten *«accesibles, eficaces y no discrecionales»* y que sirvan para reparar la lesión producida. Incluso ha sostenido que un recurso como el de casación, *«no accesible de pleno derecho y cuya activación se deja a discreción del*

---

55. Como señala GARCÍA COUSO (2021: 155), resulta paradójico que la reforma de la casación esté pensada para reducir la carga de trabajo de la Sala Tercera del Tribunal Supremo y que al mismo tiempo se exija plantear el recurso a los solos efectos de descartar el interés casacional y como paso previo a la formulación del incidente de nulidad y del posterior amparo.
Y, desde una perspectiva similar, ALONSO GARCÍA (2019: 698) lamenta que se someta al recurrente a un peregrinaje de recursos para corregir en algunos casos un simple error, perjudicando al recurrente y al buen funcionamiento de la propia Sala Tercera del Tribunal Supremo. *«El recurso de casación se convierte en estos casos en un mero instrumento para declarar la firmeza de la resolución judicial con el fin de que pueda interesar la tutela que requiere el caso concreto».*

Tribunal, no puede considerarse como un recurso eficaz que los recurrentes tengan que agotar» [56].

A partir de estos pronunciamientos el Tribunal Constitucional ha dulcificado el rigor con el que se interpreta el requisito del agotamiento de la vía judicial previa mediante el recurso de casación y el incidente de nulidad ulterior, matizando la línea seguida en el ATC 65/2018, bien que en unos términos que exigen analizar caso por caso.

En síntesis, en la STC 112/2019, de 3 de octubre, se relativiza el requisito del incidente de nulidad en aquellos casos en los que la inadmisión se produce por carencia de interés casacional [art. 90.4.d) LJCA], pues basta con haberlo preparado en tiempo y forma para entender cumplido el principio de subsidiariedad del recurso de amparo. Al ser esencialmente discrecional la decisión de la admisión del recurso de casación, se entiende que la inadmisión del recurso no guarda correlación con el grado de diligencia del recurrente, de manera que el incidente de nulidad de actuaciones se revela en estos casos como un remedio procesal no necesario para entender agotada la vía judicial, pero tampoco improcedente para remedir la vulneración de un derecho susceptible de amparo constitucional.

Por el contrario, como se deduce de las SSTC 121/2019, de 28 de octubre, y 166/2020, de 16 de noviembre, si *«de forma clara e inequívoca»* se constata que el recurrente no ha obrado con la necesaria diligencia y el recurso de casación se inadmite por insuficiente justificación del interés casacional [arts. 89.2.f) LJCA en relación con el art. 90.4.b) LJCA], o, en general, por la deficiente cumplimentación de los requisitos procesales anudados al mismo por el art. 89.2 LJCA, en esos casos se entiende que la frustrada casación no permitiría entender agotada la vía judicial [57].

---

56. A este respecto, *vid.* GARCÍA COUSO (2021: 158-159), quien refiere distintos pronunciamientos del TEDH en esta línea, como es el caso del entrecomillado, de fecha 12 de noviembre de 2002, caso Béleš y otros c. República Checa.

57. En esta línea, VELASCO CABALLERO (2018: 155) distingue dos posibilidades también: según la mayor o menor certeza sobre la carencia de interés casacional el recurso puede ser inexigible o exigible y previo al amparo. En el primer caso el recurso de casación no sería un instrumento procesal hábil para el litigante, de manera que el remedio procesal idóneo para examinar la posible lesión de un derecho fundamental sería el incidente de nulidad de actuaciones. Y ello porque en la práctica la resolución judicial de instancia no sería entonces susceptible en puridad de un recurso ordinario o extraordinario, como establece el art. 241.1 LOPJ. Por el contrario, como señala el mismo autor (2018: 163), *«puede ocurrir que en el asunto donde supuestamente se ha vulnerado un derecho fundamental, directa o indirectamente por el órgano judicial, estén presentes ciertas circunstancias razonablemente asimilables a las del art. 88.2 LJCA. (…) En tal caso, el recurso de casación podría considerarse un instrumento procesal razonablemente idóneo para la tutela del derecho fundamental en cuestión».*

En fin, no deja de ser una cuestión sujeta a un elevado grado de subjetivismo, desde luego, que no resulta compatible con la seguridad jurídica por la incertidumbre misma que depara la instancia casacional.

En cualquier caso, en esta línea se ha abierto paso en la doctrina jurisprudencial del Tribunal Europeo de Derechos Humanos la inadmisión de los recursos interpuestos por la circunstancia de no haberse agotado correctamente los recursos nacionales, y, en particular, tanto por la falta de justificación de la especial trascendencia constitucional del recurso de amparo, prevista en el art. 49.1 LOTC (Decisión de 22 de octubre de 2020, asunto Álvarez Juan c. España), como por la insuficiente justificación de aquella (Decisión de 17 de diciembre de 2020, asunto Morales Rodríguez y Vázquez Moreno c. España), si bien en este caso queda desterrada toda posible aplicación restrictiva, formalista en exceso, que restrinja el acceso al recurso.

Con todo, la limitada o casi nula proyección de la invocación en sede casacional de un defecto procesal, cuyo examen se condiciona a que el recurso presente interés casacional objetivo para la formación de jurisprudencia[58], y el periplo procesal al que se somete a los justiciables al haber desaparecido el motivo casacional —también imperfecto— del quebrantamiento de las formas esenciales del juicio, acaba desincentivando la interposición de estos recursos y remedios procesales, dejando firmes resoluciones judiciales que inevitablemente pueden incurrir en incongruencia en sus distintos grados sin un instrumento verdaderamente eficaz para su depuración.

A ello se une la exigencia, como se ha señalado, del complemento de sentencia para denunciar incongruencia omisiva en el plazo de cinco días desde la notificación de la misma. Si se solicita sin éxito y el recurso de casación se inadmite, difícilmente la Sala de instancia podrá desdecirse con ocasión de un incidente de nulidad. Y si no se solicita y la casación se inadmite, ni tan siquiera podrá promoverse incidente de nulidad, al ser aquélla presupuesto de éste, dejando a salvo que la inadmisión se haya acordado por razones claramente ajenas a la diligencia de la parte recurrente.

Más aún. Según la práctica jurisprudencial de la Sala Tercera, cuando se denuncia en el escrito de preparación una infracción procesal de falta de motivación o incongruencia omisiva, referida a las concretas circunstancias del litigio en el que se dice producida, pesa sobre quien anuncia la casación la carga de

---

58. En la hipótesis de que la lesión imputada a la sentencia por infracción procesal revista interés casacional se plantea qué efectos ha de surtir la sentencia que anule la resolución judicial: si se deben retrotraer las actuaciones al órgano jurisdiccional *a quo* o si el tribunal de casación ha de resolver en cuanto al fondo del asunto. Desde luego al tratarse de una vulneración de un derecho fundamental hay que concluir en que la retroacción no es la solución más idónea si el Tribunal dispone de todos los elementos de juicio para resolver la cuestión suscitada. El art. 87.bis.2 LJCA no impide que se acuerde la retroacción. *Vid.* ALONSO GARCÍA (2019: 704) y BAÑO LEÓN (2012).

explicar en el propio escrito de preparación no sólo que tales vicios efectivamente se han producido, sino también que esas infracciones procedimentales o formales han repercutido en un deficiente análisis de una cuestión sustantiva que está dotada de interés casacional[59].

Esta doctrina jurisprudencial está basada en la dinámica de la casación civil, como por otra parte ha venido siendo habitual desde la puesta en marcha de la casación contencioso-administrativa con la limitación de los motivos.

Sin embargo, en la iniciativa de reforma de la casación en ese orden civil, prevista inicialmente en el proyecto de ley de medidas de eficiencia procesal del servicio público de la justicia[60], que no llegó a aprobarse debido a la disolución de las Cortes Generales el pasado 30 de mayo de 2023, se pretendía poner coto a esta doctrina, según la cual el examen de la infracción procesal en un recurso de casación se condiciona a la previa admisión del recurso de casación. Como podía leerse en la exposición de motivos de dicho Proyecto de Ley,

> «la *supeditación del recurso por infracción procesal a la previa acreditación del interés casacional por vulneración de una norma sustantiva constituye una dificultad considerable para los litigantes que, además, limita injustificadamente la función nomofiláctica del Tribunal Supremo en la interpretación de normas procesales que pueden ser trascendentes en la calidad de la tutela judicial que se presta desde la jurisdicción civil*».

Aun cuando ha caducado ese proyecto de ley, puede observarse que su contenido encuentra su plasmación en la modificación que introduce el Real Decreto-ley 5/2023, de 28 de junio, en los arts. 477 y ss. de la Ley 1/2000, de 7 de enero, de Enjuiciamiento Civil (LEC). En esta reforma de la casación civil el interés casacional puede hallarse en la interpretación de las normas, tanto sustantivas como procesales, entre otros supuestos, cuando la sentencia recurrida se oponga a la jurisprudencia de la Sala Primera (art. 477, apartados 2 y 3, de la LEC). Y, lo que es más relevante, si existe doctrina sobre la cuestión planteada y la resolución impugnada se opone a la misma, el recurso se podrá decidir por auto, «*con el propósito de aligerar la carga de trabajo de la Sala de lo Civil del*

---

59. Por todos, pueden verse el ATS de 21 de marzo de 2017 (RC 308/2016), 12 de julio de 2017 (RQ 58/2017) o el ATS de 4 de mayo de 2017 (RQ 142/2016), «*dado que* [según este último] *tales cuestiones han sido objeto de una abundante y reiterada jurisprudencia, tanto del Tribunal Constitucional como del Tribunal Supremo, por lo que difícilmente se harán necesarios nuevos pronunciamientos de esta Sala, "salvo en aquellos supuestos en los que el vicio in procedendo que se denuncia se refiera o se proyecte sobre una pretensión de fondo que presente dicho interés objetivo para la formación de la jurisprudencia y se invoquen como infringidos, por su inaplicación, los preceptos que la disciplinan"*».

60. BOCG, Congreso de los Diputados, XIV Legislatura, Serie A, núm. 97-1, de fecha 22 de abril de 2022. Ha sido comentado el anteproyecto de ley por GONZÁLEZ GRANDA (2021, II).

Tribunal Supremo» [61]. En estos casos se devolverá el asunto al tribunal de su procedencia para que dicte nueva resolución de acuerdo con aquella doctrina jurisprudencial que ha sido vulnerada (art. 487.1 LEC).

Pese a que, al menos en apariencia, la reforma responde a la necesidad individualizar las infracciones procesales para que sean susceptibles de interpretación en sede casacional, sin vinculación a las normas sustantivas, el art. 477.2 LEC sigue exigiendo la concurrencia del interés casacional, que en esta clase de vicios *in procedendo* tienen un recorrido muy corto, porque apenas si hay cuestiones necesitadas de la labor jurisprudencial del Tribunal Supremo que no hayan sido ya resueltas. Y en el caso de que el interés casacional se cifre en que la resolución impugnada se opone a la doctrina jurisprudencial, habrá que distinguir entre una resolución inmotivada o incongruente, que no por serlo implica necesariamente una contravención de tal doctrina, y aquellas otras resoluciones que apliquen incorrectamente la doctrina existente en relación con la motivación y la congruencia. Son cosas bien distintas. En ningún caso la visualización de los defectos formales como motivo de la casación implica la reviviscencia del viejo motivo (reglado) del quebrantamiento de las formas esenciales del juicio, porque si así fuera carecería de sentido la introducción del interés casacional.

Más adelante se volverá sobre las líneas de reforma de la casación civil y su repercusión en la casación contenciosa, pero hasta tanto se introduzca una previsión semejante hay que recordar que el art. 43 LOTC permite al recurrente en amparo que alegue especial trascendencia constitucional de la lesión sufrida, por más que no haya habido un pronunciamiento en cuanto al fondo. Se trata de la última garantía que ofrece el sistema de recursos ante la infracción de las normas procesales por los órganos jurisdiccionales y que, por ende, permite un control de la actuación del Gobierno y la Administración [62]. No obstante, hay que reconocer que el carácter desincentivador que tiene en la actualidad el amparo constitucional puede traducirse en que muchas sentencias incursas en defectos procedimentales queden firmes sin posibilidad alguna de enmienda, en un efecto cascada desde las instancias judiciales y de la configuración del recurso extraordinario de casación.

6. LA INUTILIDAD DEL PRIMER CONTROL DE ADMISIBILIDAD POR EL ÓRGANO JURISDICCIONAL DE INSTANCIA

El planteamiento de la reforma de la casación contencioso-administrativa es establecer una colaboración funcional entre órganos jurisdiccionales sometiendo a los recurrentes a un doble régimen de control sobre la concurrencia de los requisitos que debe reunir el escrito de preparación, establecidos en el art. 89.2 LJCA: primeramente el Juzgado o Tribunal *a quo* dicta un auto motivado

---

61. Exposición de motivos del proyecto de ley de medidas de eficiencia procesal del servicio público dc la justicia.
62. *Vid.* ALONSO GARCÍA (2019: 702).

que tiene por preparado el recurso o que deniega la preparación, siendo susceptible en tal caso de recurso de queja, y, a continuación, una vez que se tiene por preparado el recurso o que se estima el recurso de queja, el tribunal de casación examina la concurrencia material del interés casacional —que le corresponde en exclusiva— y también de los restantes requisitos formales y reglados que teóricamente ya había examinado el órgano judicial de instancia. Son dos análisis formalistas sucesivos que no sólo duplican el trámite de control de la regularidad de los requisitos del escrito de preparación, sino que retrasan considerablemente la decisión en torno a la admisión o inadmisión del recurso.

En la práctica, el primero de los controles, que usualmente se atribuye a los órganos colegiados de la jurisdicción —Salas de lo Contencioso-Administrativo de los Tribunales Superiores de Justicia y Sala de lo Contencioso-Administrativo de la Audiencia Nacional—, pero también a los Juzgados cuando se recurren sus sentencias, reviste un carácter estereotipado, de puro trámite, puesto que estos órganos suelen omitir la realización de un examen exhaustivo de los escritos de preparación y se limitan a emplazar a las partes y a enviar las actuaciones de instancia y el expediente administrativo al Tribunal Supremo, que una vez personadas aquellas realiza un examen detallado de la concurrencia de los requisitos y, en especial, del interés casacional que pueda presentar el asunto.

Así pues, en la práctica no operan de manera efectiva las potestades del órgano judicial *a quo* para determinar si el escrito de preparación reúne o no los requisitos del art. 89.2 LJCA, que en la mayoría de los casos tiene por preparados los recursos contra sus resoluciones judiciales automáticamente, sin extremar el rigor formal que viene exigiendo el Tribunal Supremo, entre otras cuestiones, en relación con la identificación de las infracciones, el denominado juicio de relevancia o la justificación de los supuestos de interés casacional de los apartados 2 y 3 del art. 88 LJCA.

Siendo esto así, sólo contadísimas veces se emite la opinión sucinta y fundada, prevista en el art. 89.5 LJCA, sobre el interés objetivo del recurso para la formación de jurisprudencia; opinión que cuando es favorable a la admisión del recurso determina la exigencia de que la posible inadmisión por el tribunal de casación revista la forma de auto motivado.

En definitiva, parece que ha devenido inútil el primer control o dique de contención sobre la regularidad del escrito de un recurso extraordinario como es la casación, que se encomienda al órgano jurisdiccional *a quo* y que la Ley jurisdiccional configura con el propósito de filtrar los escritos desde la perspectiva formal, sin invadir el examen sobre la concurrencia efectiva de interés casacional, pero que, como queda en evidencia, opera con un automatismo incompatible con la finalidad que persigue el recurso cuando, a pesar de la existencia de deficiencias clamorosas, no deniega la preparación a los escritos inhábiles para la finalidad que le es propia de acreditar, identificar y justificar las circunstancias legalmente establecidas en el art. 89.2 LJCA, que incluso ni tan siquiera citan supuestos de interés casacional o que se limitan a citarlos con una justificación manifiestamente exigua o puramente retórica. El efecto de ese automatismo es una duplicación del examen sobre los requisitos del escrito preparatorio a través de dos sucesivas instancias, alargando inevitablemente los plazos sobre la admisibilidad o inadmisibilidad del recurso en algo más de un año desde la notificación de la sentencia o auto recurridos. Y ello en franca contradicción con los principios de eficiencia y agilidad en el sistema judicial a los que se refiere la exposición de motivos de la Ley Orgánica 7/2015, de 21 de julio, en su primer párrafo[63].

7. LA MARGINACIÓN DEL INTERÉS CASACIONAL POR EL RIGOR FORMAL DE LA FASE DE ADMISIÓN

Una de las características tradicionales del recurso extraordinario de casación reside en el formalismo, que ya en el anterior modelo era muy acusado y se basaba en un inciso de la Ley Jurisdiccional: la *«sucinta exposición de la concurrencia de los requisitos de forma exigidos»*, sin especificar cuáles. En la actual casación aparecen tipificados tales requisitos de manera expresa en el art. 89.2 LJCA, que es un precepto que institucionaliza y otorga carta de naturaleza a las circunstancias que, según la doctrina tradicional de la Sala Tercera, conformada por miles de autos, debía justificar el recurrente en su escrito preparatorio: algunos obvios, como el cumplimiento del plazo, la legitimación y la recurribilidad de la resolución, y otros relacionados con la propia naturaleza de un recurso como el de casación, destinado a depurar el ordenamiento jurídico: como la expresión o identificación de las infracciones y del carácter relevante y determinante de las mismas en el fallo.

A estos requisitos se añade la especial justificación del interés casacional, basado en alguna de las circunstancias contempladas en los catorce supuestos pergeñados por el legislador en dos listados: un primer grupo abierto de supuestos indiciarios de interés casacional (*«entre otras circunstancias»*, dice el art. 88.2 LJCA) y un segundo grupo cerrado de presunciones de interés casacional (art. 88.3 LJCA).

Si la reforma de la casación se orienta de manera principal a la formación de doctrina jurisprudencial, lo que exige estudiar el fondo de los asuntos para determinar si merecen un pronunciamiento en sede casacional, bien podría haberse suprimido el trámite de la preparación, revestido de tintes eminentemente formales y cuyo control está duplicado, como acaba de mencionarse.

---

63.   Merece la pena reproducir el pasaje: *«La sociedad actual exige un alto grado de eficiencia y agilidad en el sistema judicial, pues no puede olvidarse que una Justicia eficaz, además de garantizar el respeto de los derechos fundamentales de todos y de facilitar con ello la paz social, es un elemento estratégico para la actividad económica de un país y contribuye de forma directa a un reforzamiento de la seguridad jurídica y, en paralelo, a la reducción de la litigiosidad».*

Lejos del principio antiformalista que inspira la jurisdicción contencioso-administrativa, da al traste sin posibilidad de subsanación con más del 80% de los recursos de casación, en su gran mayoría no porque carezcan de interés casacional, sino porque no se ha justificado suficientemente el mismo o se ha incurrido en una deficiente justificación del carácter relevante y determinante en el fallo de las infracciones que se imputan a la resolución recurrida.

En lugar de relativizar estas formalidades en beneficio del estudio del fondo de los asuntos y de su contribución a la jurisprudencia, la práctica del recurso de casación en su fase de admisión, siguiendo naturalmente lo dispuesto en la Ley jurisdiccional, otorga una especial relevancia a la concurrencia de los requisitos cuyo control es reglado, incluyendo entre ellos la especial justificación del supuesto o supuestos de interés casacional alegados [art. 89.2.f) LJCA], según la interpretación que de los mismos ha venido realizando la Sección Primera (o de Admisión) de la Sala Tercera del Tribunal Supremo; justificación que ya en el ATS de 1 de febrero de 2017 (recurso de queja núm. 98/2016) se explica en estos términos:

> *«lo que impone este precepto como carga procesal insoslayable del recurrente es que, de forma expresa y autónoma, argumente la concurrencia de alguno o algunos de los supuestos del artículo 88.2 y 3 LJCA que permiten apreciar el interés casacional objetivo y la conveniencia de un pronunciamiento de la Sala Tercera. Argumentación, además, que no cabe realizar de forma abstracta o desvinculada del caso concreto planteado, sino que debe proyectarse sobre él como se desprende de la expresión "con singular referencia al caso" que contiene el citado artículo 89.2. f) LJCA. Es decir, esa argumentación específica que exige la ley no se verá satisfecha con la mera alusión o cita a alguno(s) de los supuestos en que la Sala Tercera de este Tribunal podría apreciar ese interés objetivo casacional para la formación de jurisprudencia, sino que será preciso razonar por qué el caso concreto se inscribe o subsume en el supuesto o supuestos que se aducen».*

Con la nueva regulación del recurso de casación se ha intensificado, por tanto, su carácter extraordinario en relación con las resoluciones judiciales sometidas al enjuiciamiento del tribunal de casación, so pena de inadmisión incontestable *ex* art. 89.6 LJCA. Además de los requisitos formales contenidos en los apartados a) a f) del art. 89.2 LJCA, el escrito de preparación debe contener *«apartados separados que se encabezarán con un epígrafe expresivo de aquello de lo que trata»*, es decir, debe tratarse de un escrito bien estructurado en aras de la mayor claridad expositiva posible y de la mejor ordenación del debate en beneficio de las partes y del juzgador, si bien en la práctica esta circunstancia no se ha exigido con especial rigor cuando de la lectura del escrito es posible evidenciar que contiene los requisitos que el precepto reclama y que cumple, en definitiva, con las circunstancias legalmente establecidas en el citado art. 89.2 LJCA.

Otro tanto puede decirse del acuerdo de 20 de abril de 2016 la Sala de Gobierno del Tribunal Supremo, por el que se aprobó *«la extensión máxima y otras condiciones extrínsecas de los escritos procesales referidos al recurso de casación ante la Sala Tercera»*, que entre otras cosas limita el número máximo de páginas del escrito de preparación a un total de 15, siendo así que su incumplimiento no ha impedido el examen de admisibilidad.

La fase de interposición del recurso de casación también se caracteriza por las exigencias procesales de carácter formal. El art. 92.3 LJCA vuelve a insistir en que el escrito deberá estructurarse *«en apartados separados que se encabezarán con un epígrafe expresivo de aquello de lo que tratan»*. En dicho escrito se ha de exponer razonadamente por qué han sido infringidas las normas o la jurisprudencia que como tales se identificaron en el escrito de preparación, sin poder extenderse a otra u otras no consideradas en dicho escrito. Si se imputa la infracción de jurisprudencia, no sólo se deben citar las sentencias del Tribunal Supremo expresivas de una determinada doctrina, sino que es preciso analizarlas para justificar su aplicabilidad al caso. El precepto parece exigir que cada grupo de infracciones se presente de forma autónoma, sin entremezclar las de carácter sustantivo y procesal, de manera que la pretensión o los pronunciamientos que se impetren estén apoyados en un planteamiento ordenado de la parte recurrente. En este caso, el incumplimiento de alguno de estos requisitos tampoco parece susceptible de subsanación, sino que conduce, sin más trámite que la audiencia a la parte recurrente, a la inadmisión del recurso por sentencia (art. 92.4 LJCA).

Así pues, aunque en la nueva casación han desaparecido los motivos tasados del recurso, de suerte que no se exige incardinar cada infracción en alguno de ellos, lo cierto es que el acusado rigor formal de la casación no ha disminuido, sino que ha quedado institucionalizado por obra del legislador. Se han incorporado los criterios que venía aplicando la Sala Tercera del Tribunal Supremo en el estudio sobre la admisibilidad o inadmisibilidad cuando tenía a la vista los escritos de preparación, interposición y —cuando la recurrida la hubiera planteado— de oposición. Efectivamente, el recurso habrá de articularse mediante unos apartados concretos y diferenciados[64], manteniendo así un nivel de exigencia formal tan elevado al menos como en la anterior casación. Cada infracción jurídica deberá articularse de forma precisa para encauzar debidamente el contenido de las pretensiones y, por ende, el debate que se sustancie en la Sala de casación, al que pondrá fin la sentencia que se dicte.

---

64. HINOJOSA MARTÍNEZ (2016: 173-174) sostiene que el recurso de casación se sigue caracterizando como extraordinario *«en tanto necesitado de una especial concreción sobre las razones jurídicas, los motivos, en que debe sustentarse, que han de seguir siendo determinados de manera precisa por el recurrente en la forma legalmente establecida, exigencia que en este aspecto (...) se mantiene sustancialmente»*.

En cualquier caso, sólo superado este filtro de viabilidad formal del recurso se aprecia el interés casacional que pueda revestir. Se trata de una carga que el legislador traslada al justiciable, que además de preocuparse de ejercitar una pretensión casacional y de exponer las infracciones en las que, a su juicio, incurre la resolución recurrida, tiene que explicar si su caso puede contribuir a la formación de jurisprudencia y en qué sentido es conveniente un pronunciamiento de la Sala. De ahí que el art. 90.4 LJCA diferencie la inadmisión del recurso por incumplimiento de los requisitos formales [apartados a), b) y c)] y la inadmisión por carencia de interés casacional para la formación de jurisprudencia [apartado d)].

En la dialéctica siempre conflictiva y ambivalente de los debates y posicionamientos entre jurisprudencia y justicia, que han venido impregnando y tensionando la práctica de la casación desde sus inicios, pero quizá de manera más acusada desde la reforma operada en el año 2015, se pueden advertir dos fenómenos complementarios e impregnados de cierto subjetivismo:

1)   las sensibilidades hacia la admisión que privilegian la efectividad de la tutela sobre las carencias formales del escrito, en aras de clarificar una cuestión de interés casacional meramente esbozada en el escrito preparatorio pero cuyo cabal enjuiciamiento es un objetivo de justicia material, bien por la concurrencia de errores palmarios en la resolución recurrida, la inexistencia de doctrina jurisprudencial sobre la materia, la necesidad de «pacificar la instancia» mediante un criterio uniforme que genere seguridad jurídica y acabe con los pronunciamientos contradictorios, o incluso el hecho de que se hayan admitido a trámite otros recursos de casación mejor preparados entre los que se aprecie una identidad sustancial; y

2)   el criterio más severo en la selección de los asuntos que limita las casaciones a las estrictamente necesarias para formar jurisprudencia en asuntos relevantes y novedosos, otorgando un papel prioritario al control de los requisitos de forma, lejos de la justicia del caso o incluso de la corrección jurídica de la sentencia que *a priori* resulte del estudio preliminar del asunto, es decir, relegando a un segundo plano el interés casacional que pueda presentar el asunto ante la prevalencia de las formalidades del recurso o la existencia de jurisprudencia sobre la cuestión controvertida, que se convierte en un dique de contención o una barrera infranqueable con el propósito de reducir el volumen de asuntos, por más que la sentencia recurrida no la aplique con acierto o sencillamente no la aplique, como señaladamente ha ocurrido en ámbitos completos de actividad administrativa como es el caso estelar de la expropiación forzosa, cuyos pronunciamientos estos últimos años han sido puramente testimoniales, muy alejados desde luego del número de recursos que resultaban admitidos en esta materia con arreglo al

modelo anterior de la cuantía y que en un número nada desdeñable daban lugar a sentencias estimatorias, en todo o en parte, del Tribunal Supremo en relación con los mismos preceptos legales de las expropiaciones ordinarias y urbanísticas[65].

Ambos fenómenos se aprecian en la práctica jurisdiccional del recurso de casación a lo largo de estos últimos años y permiten individualizar algunas materias con mayor número de admisiones, como personal, contratación administrativa, tributos y organismos reguladores, frente a otras materias con una presencia en los repertorios de autos de admisión mucho más limitada, tales como urbanismo y expropiación forzosa[66]. Aunque por razones distintas y caracterizadas, puede afirmarse que la necesidad de extender el enjuiciamiento de la Sala hacia problemas novedosos o no resueltos ha prevalecido sobre la reafirmación de la doctrina y la corrección jurídica de la instancia.

No obstante, a pesar de la cambiante composición en la Sección de Admisión, sujeta a revisiones periódicas en un contexto complejo en el que la Sala Tercera, en el momento de redactar estas líneas, está diezmada por la falta de renovación de un tercio de sus miembros, es lo cierto que se ha puesto en marcha un sistema de control y selección de los asuntos en torno a unas reglas y criterios de admisión comunes y generalizados que han cobrado cuerpo a través de varios cientos de autos (en especial, los que resuelven recursos de queja y los que admiten los recursos de casación fundamentando las razones de la admisión, y, en menor medida, los que inadmiten los recursos de casación). También han sido esenciales a la hora de conformar la práctica de la casación, en una proporción mucho más elevada que los autos, las providencias de inadmisión, que a diferencia de los autos se sustraen al conocimiento del público al ser únicamente notificadas a las partes del proceso y no publicadas en la página web del Tribunal Supremo,

---

65. Según estadísticas propias confeccionadas con motivo de la elaboración de la monografía titulada *Las garantías jurídicas tras la expropiación forzosa*, Thomson Reuters Aranzadi, Pamplona, 2021, págs. 285-286, en el año 2010 se admitieron algo más de 1.000 recursos en materia expropiatoria y se dictaron más de 400 sentencias relacionadas con la expropiación. Y en 2020, con la reforma de la casación ya plenamente operativa, no llegan a 5 los recursos de casación admitidos en esta materia a lo largo de todo ese año. Y es que, desaparecido el requisito de la cuantía y vertebrado el recurso en torno al interés casacional objetivo, el número de recursos preparados de cuya admisión conoce la Sala Tercera sigue deparando unas cifras muy altas, superiores a esos 9.000 asuntos anuales, pero ínfimas realmente en cuanto a los asuntos relativos a expropiación forzosa que llegan a admitirse a trámite y resolverse a la postre por la Sala. FERNÁNDEZ TORRES (2019) examina los pronunciamientos que recayeron sobre esta materia durante el año 2018 —también contados— y alcanza la conclusión de que, no obstante el interés de alguno de esos pronunciamientos judiciales, *«la función del Tribunal Supremo corre el riesgo de perder intensidad e incluso, de desdibujarse y resultar poco práctica, en perjuicio de los ciudadanos. Ese sentimiento de indefensión y orfandad extendido entre ciudadanos y abogados reclama una intervención más contundente y resuelta».*

66. En la evolución del recurso de amparo también se apreciado, aunque por motivos no idénticos, secciones más o menos favorables a la admisión. *Vid.* VELASCO CABALLERO (2018: 133).

que es una exigencia predicable exclusivamente de los autos de admisión según el art. 90.7 LJCA.

En cualquier caso, el formalismo persiste transversalmente en la nueva casación en relación con todas las materias. Y de manera especial se hace recaer sobre el justiciable la carga de justificar un requisito al que la Ley otorga el marchamo de objetivo, pero que está dotado, sin embargo, de un fuerte componente de discrecionalidad que permite discriminar netamente entre los requisitos subjetivos —propios del pleito— y los objetivos —atinentes a la proyección de la cuestión de interés para el Derecho y la jurisprudencia—, de suerte que aunque la inadmisión se fundamente materialmente en este último a mayor abundamiento (p. ej., por tratarse de una materia vinculada esencialmente a la valoración de la prueba o que presente un cariz casuístico incompatible con la formación de jurisprudencia), la resolución que se adopte ponga el acento en el incumplimiento de la justificación del interés casacional como requisito formal[67], de modo paralelo a lo que ha venido sucediendo con el amparo constitucional. En efecto, en el trámite de admisión del recurso de amparo el Tribunal Constitucional ha formulado una distinción entre la carga de justificar motivadamente la trascendencia constitucional del asunto y la apreciación de ese interés por el Tribunal, de suerte que la justificación de la inadmisión a trámite se ha basado en mayor proporción en la primera razón (el incumplimiento de la especial justificación de la trascendencia constitucional como requisito de procedibilidad del recurso de amparo) que en la segunda (la falta misma de dicha trascendencia).

---

67. *Vid.* VELASCO CABALLERO (2018: 134), considerando que «*el vértigo de legitimidad a la hora de decidir qué es y qué no es constitucionalmente trascendente en muchos casos se puede eludir mediante un reproche procesal al recurrente, que no fue capaz de señalar con claridad dónde estaba la trascendencia general de su asunto*».

La infracción de la jurisprudencia en la regulación de la casación contencioso-administrativa

1. LA INFRACCIÓN DE JURISPRUDENCIA COMO MOTIVO DEL RECURSO DE CASACIÓN

Conforme al art. 88.1 LJCA el recurso se puede fundamentar, además de en una infracción sustantiva o procesal del ordenamiento jurídico, en la infracción de la jurisprudencia[68], que es precisamente la razón de ser del recurso de casación y de la técnica del interés casacional objetivo, que persigue dotar de certidumbre a la aplicación del Derecho mediante una solución jurídica que permita cumplir la función unificadora del tribunal de casación.

---

68. Se ha dicho que el precepto se expresa en términos inapropiados, ya que confunde el contenido con el continente, la «doctrina jurisprudencial» con la jurisprudencia, pues solamente

El motivo que se individualice por infracción de la jurisprudencia ha de poner de relieve la identidad o semejanza esencial de los casos resueltos por la resolución recurrida y los pronunciamientos que se aportan de contraste. No basta, pues con la mera cita de la resolución[69]. La reforma de la casación por la Ley Orgánica 7/2015, de 21 de julio, ha incorporado esta exigencia jurisprudencial en la letra de la ley. El art. 92.3.a) LJCA establece, por referencia al escrito de interposición, que es preciso *«analizar, y no solo citar, las sentencias del Tribunal Supremo que a juicio de la parte son expresivas de aquella jurisprudencia, para justificar su aplicabilidad al caso»*. El art. 92.4 LJCA sanciona con la inadmisión a trámite la inobservancia de ese requisito, sin posibilidad alguna de subsanación.

Tradicionalmente en casación sólo se han podido alegar las resoluciones dictadas por la Sala Tercera, no así por las restantes Salas[70], salvo que la invocación guarde una estrecha relación con la cuestión planteada en el proceso contencioso-administrativo[71]. Y ello sin perjuicio de que la práctica de la casación de estos últimos años permita invocar como pronunciamientos contradictorios o de contraste, al amparo del art. 88.2.a) LJCA, es decir, con la finalidad de justificar el interés casacional, sentencias de otros órganos y órdenes jurisdiccionales, incluyendo las sentencias de la propia Sala Tercera que ha de conocer como tribunal de casación. Hasta el punto de que, producido un apartamiento deliberado de la jurisprudencia existente por considerarla errónea, el art. 88.3.b)

---

puede ser objeto del recurso la doctrina que de modo reiterado establezca el Tribunal Supremo al interpretar la ley, la costumbre y los principios generales del Derecho (art. 1.6 del Código Civil). *Vid.* FERNÁNDEZ FARRERES (2015: nota 6), quien cita el trabajo de NIETO GARCÍA (2001-2002: 103 y ss.), donde se explica que estamos ante una metonimia porque la doctrina jurisprudencial se define como una *«proposición jurídica afirmada en una o varias sentencias»*, que son las que constituyen la jurisprudencia. Asimismo, *vid.* LÓPEZ SÁNCHEZ (2002: 224-225), para quien la jurisprudencia crea soluciones para supuestos concretos mediante la elaboración de la doctrina jurisprudencial (pág. 211). Más ampliamente, sobre la delimitación del concepto de jurisprudencia contencioso-administrativa, *vid.* SANTIAGO IGLESIAS (2021: 37 y ss.).

69. Como señala la STS de 17 de mayo de 2016 (RC 1246/2015), *«resulta preciso desgranar su doctrina con relación a la sentencia cuyos criterios se combate que, obviamente, para ser aceptada ha de guardar relación directa con la razón de decidir de la sentencia, pues en caso contrario sería improsperable (STS 20 de julio de 2010, recurso de casación 5477/2008). Es preciso demostrar la similitud de los casos resueltos en las sentencias traídas a colación con el que se resuelve en la resolución impugnada en el recurso (Sentencias 8 de octubre de 2014, recurso casación 2467/2013, 15 de diciembre de 2014, recurso casación 2459/2013)».*

70. SSTS de 7 de diciembre de 2005 (RC 6649/2001) y 1 de octubre de 2001 (RC 267/1996).

71. Así, en el RC 5683/2008, que dio lugar a la STS de 26 de abril de 2012, se invocaban sentencias dictadas por la Sala de lo Civil a efectos de apoyar la tesis nuclear del recurrente, en el sentido de que *«concurrían los presupuestos necesarios para la configuración de los negocios a tenor del artículo 1.261 del Código Civil, sin perjuicio de la posibilidad de determinación posterior de algunos de ellos no confundibles».* Pueden verse distintos supuestos en los que han conocido las Salas Primera y Cuarta en HINOJOSA MARTÍNEZ (2016: 182-183).

LJCA contempla la admisión automática del recurso como una presunción *iuris et de iure*.

Sin embargo, no es ocioso recordar que no se puede aducir la infracción de las resoluciones de otros órganos jurisdiccionales, como las Salas de lo Contencioso-Administrativo de la Audiencia Nacional o los Tribunales Superiores de Justicia[72], no al menos como motivo de infracción de jurisprudencia propiamente dicho, sino en apoyo del interés casacional que predica el art. 88.2.a) LJCA en calidad de sentencias de contraste.

Y en cuanto a las sentencias del Tribunal Constitucional, como quiera que el recurso de casación se puede fundamentar en la infracción de normas constitucionales y tales normas han de ser interpretadas conforme a la doctrina del Tribunal Constitucional, se admite la posibilidad de alegar la infracción de la doctrina del Tribunal Constitucional en un recurso de casación[73]. Otro tanto puede decirse de las sentencias del Tribunal de Justicia de la Unión Europea[74]. Unas y otras tienen además su encaje en específicos supuestos de interés casacional [apartados d), e) y f) del art. 88.2 LJCA], que incardinan en casación el debate sobre la constitucionalidad de una ley [apartado d)] y de la argumentación en torno al «aparente» error o contradicción con la doctrina constitucional o la jurisprudencia comunitaria [apartados e) y f)], de forma respectiva. Y por supuesto es posible invocar la infracción de la doctrina jurisprudencial del Tribunal Europeo de Derechos Humanos[75].

---

72. SSTS de 25 de mayo de 2016 (RC 2965/2014), 6 de marzo de 2015 (RC 2819/2012) y 17 de febrero de 2016 (RC 4147/2014).
73. SSTS de 14 de octubre de 2011 (RC 5853/2007) y 18 de enero de 2011 (RC 639/2007). Esta última, remitiéndose a la STS de 17 de enero de 2008 (RC 4793/2002), manifiesta que las resoluciones del Tribunal Constitucional (se entienden incluidos los autos), pueden ser traídas a la casación, *«pues la facultad de invocarlas en este recurso resulta del artículo 5.4 de la Ley Orgánica del Poder Judicial. Sin embargo, es menester que se especifique el precepto vulnerado al no respetar la interpretación del Tribunal Constitucional, pues el citado artículo de la Ley Orgánica del Poder Judicial afirma que los tribunales ordinarios "interpretarán y aplicarán las leyes y los reglamentos según los preceptos y principios constitucionales, conforme a la interpretación de los mismos que resulte de las resoluciones dictadas por el Tribunal Constitucional en todo tipo de procesos" (apartado 1) y subraya que "en todos los casos en que, según la ley, proceda recurso de casación, será suficiente para fundamentarlo la infracción de precepto constitucional" (apartado 4)».*
74. Así, en materia de responsabilidad del Estado por infracción del Derecho de la Unión Europea, entre otras tantas sentencias, pueden verse las SSTS de 14 de julio de 2010 (RCA 21/2008) y 17 de julio de 2009 (RCA 103/2005), y, más recientemente, las SSTS de 24 de febrero de 2016 (RCA 241/2015) y 24 de enero de 2014 (RCA 408/2012).
75. Entre otras tantas materias, puede verse el análisis de la doctrina del Tribunal Europeo de Derechos Humanos con ocasión de la prohibición del uso del velo integral en los espacios municipales, *«como posible marco de convergencia en el tratamiento jurídico de la cuestión»* (STS de 14 de febrero de 2013, RC 4118/2011). Sus pronunciamientos, como sostiene IGLESIAS CANLE (2000: 217), *«deben ser observados en la interpretación de las normas relativas a los derechos fundamentales y libertades públicas que la Constitución reconoce (art. 10.2 CE)».*

En la nueva regulación la infracción de jurisprudencia puede relacionarse, en fin, con el Derecho sustantivo, pero también con cuestiones de orden procesal. El art. 89.2.c) LJCA establece que uno de los requisitos del escrito de preparación es que se acredite la subsanación de la falta o transgresión en la instancia cuando *«la infracción imputada lo es de normas o de jurisprudencia relativas a los actos o garantías procesales que produjo indefensión»*.

2. EL REQUISITO DE LA REITERACIÓN EN LA CONFORMACIÓN DE LA JURISPRUDENCIA A LA LUZ DEL NUEVO RECURSO DE CASACIÓN

La jurisprudencia es una fuente complementaria o indirecta del Derecho que adquiere el carácter de doctrina jurisprudencial cuando es reiterada por Tribunal Supremo (o en el caso de pleitos fundados en la aplicación e interpretación del Derecho autonómico, por los Tribunales Superiores de Justicia)[76]. En este sentido, la infracción de jurisprudencia presenta tradicionalmente como presupuesto esencial del recurso de casación que se invoquen, al menos, dos pronunciamientos coincidentes en el establecimiento de una determinada doctrina, debido precisamente a los estrictos términos en los que expresa el art. 1.6 del Código Civil («la doctrina que de modo reiterado»)[77], siempre que la infracción se refiera a las declaraciones que constituyan la razón de decidir de la resolución de que se trate, no las realizadas a modo de *«obiter dicta»*[78].

Aun sin haberse abordado y resuelto de forma tajante por la Sala Tercera la cuestión de si basta una sola sentencia para fijar doctrina, al amparo del nuevo régimen de la casación, o si hacen falta dos sentencias para conformar la jurisprudencia, existen pronunciamientos de la Sección de Admisión que parecen haberse movido tendencialmente, aunque de manera matizada, por este segundo camino; pues, con expresa invocación del art. 1.6 del Código Civil, han asumido y dado por buena la cita e invocación del art. 88.3.a) LJCA en casos en los que ya existía una (única) sentencia del Tribunal Supremo sobre la cuestión controvertida, precisamente para afianzar la doctrina fijada en esa sentencia, o, en su caso, bien ampliarla o matizarla, bien rectificarla si se estima procedente[79].

---

76. Es de interés la consulta del trabajo sobre la eficacia de la jurisprudencia en el ordenamiento jurídico-administrativo de SANTIAGO IGLESIAS (2019), así como de su monografía sobre esta temática desde la perspectiva de los principios de igualdad y seguridad jurídica (2021).

77. SSTS de 11 de julio de 2011 (RC 3334/2010) y 28 de septiembre de 2010 (RC 4741/2008).

78. STS de 1 de octubre de 2001 (RC 267/1996). Asimismo, puede verse GONZÁLEZ PÉREZ (2016: 896).

79. Así, a título de muestra, el ATS 16 de marzo de 2018, RC 6716/2017, dice lo siguiente: *«Para resolver la controversia planteada, la sentencia impugnada (FJ 2.º) se remite a la citada STS de 13 de julio de 2017, cuyo texto reproduce (…) Desde esa perspectiva, podría considerarse, en consecuencia, que no concurriría la presunción establecida en el artículo 88.3.a) LJCA, al ya existir jurisprudencia relativa a las normas sobre las que la sentencia sustente la razón de*

Desde esta perspectiva cabe esgrimir válidamente la presunción de interés casacional del art. 88.3.a) LJCA, y con base en ella podrá admitirse la casación no sólo cuando no exista pronunciamiento alguno del Tribunal Supremo sobre el tema litigioso, sino también cuando el tema debatido se haya analizado únicamente en una sola sentencia y se aprecie la conveniencia de clarificar, ratificar, reforzar, completar, precisar o, en su caso, reconsiderar el criterio que en ella se haya sentado.

Con todo, el debate no está cerrado, pues si bien la Sala admite que una sola sentencia no constituye en puridad jurisprudencia *ex* art. 1.6 CC, cuando así lo ha referido como argumento para admitir un recurso que plantea un problema ya examinado en una sentencia anterior, no lo ha hecho por el simple argumento —formal y de apreciación casi automática— de que sean necesarias al menos

---

decidir. Ahora bien, lo cierto es que, como apunta la mercantil recurrente, existe un único pronunciamiento sobre la cuestión debatida, con lo que, sensu stricto, no existe jurisprudencia, ex artículo 1.6 CC (...) En esta tesitura, la Sección de Admisión considera que el asunto presenta interés casacional objetivo para la formación de jurisprudencia. Si bien nos hallamos ante una cuestión que no es totalmente nueva, se hace aconsejable un pronunciamiento de este Tribunal Supremo que esclarezca la cuestión para, en su caso, reafirmar, reforzar o completar su jurisprudencia [vid. auto de 16 de mayo de 2017 (RCA 685/2017; ES:TS:2017: 4230A)], tarea propia del recurso de casación, que no sólo debe operar para formar la jurisprudencia ex novo, sino también para matizarla, precisarla o, incluso, corregirla [vid. auto de 15 de marzo de 2017 (RCA/93/2017, FJ 2.º, punto 8; ES:TS:2017:2189A]».
Y el ATS 5 de diciembre de 2017, RC 2717/2017, se mueve por los mismos derroteros: *«(...) entendemos que la cuestión mencionada suscita el interés necesario para que el Tribunal Supremo se pronuncie sobre la misma, toda vez que hemos constatado que no existe jurisprudencia de esta Sala que resuelva una cuestión jurídica específica como la que ahora se nos presenta, cumpliéndose de este modo la presunción que sienta el artículo 88.3.a) de dicho texto legal.*
Y ello sin perjuicio de que hemos dictado la sentencia de fecha 30 de abril de 2001, recaída en el recurso de casación núm. 8602/1995, que si bien se refiere a un supuesto de hecho muy semejante (servicio de hemodiálisis en régimen ambulatorio a los beneficiarios de la Seguridad Social), toma como elemento delimitador del pleito una Orden de la Consejería de Sanidad y Consumo de la Generalidad Valenciana, sin que, por otra parte, se concluyera entonces sobre la infracción del régimen financiero del contrato. En cualquier caso, la existencia de una única sentencia de este Tribunal, si bien con un alcance no idéntico al caso de autos, hace aconsejable —para formar jurisprudencia mediante la doctrina reiterada a la que se refiere el artículo 1.6 del Código Civil— que la Sala se pronuncie para reafirmar, reforzar o completar aquel criterio o, en su caso, para cambiarlo o corregirlo en los términos —en ambos supuestos— que la Sección de Enjuiciamiento tenga por conveniente».
Con base en similares razones, se lee en el ATS 29 de octubre de 2018, RC 3847/2018: *«En el escrito de preparación, que cumple las exigencias que impone el art. 89.2 de la LJCA, la parte recurrente justifica suficientemente y con singular referencia al caso la concurrencia del supuesto previsto en el artículo 88.3.a), toda vez que se constata que tras la citada STC 8/2017, de 19 de enero, sólo existe una única sentencia de este Tribunal —n.º 1230/17, de 12 de julio— que resuelve la incidencia de la STEDH de 16 de febrero de 2016 así como de la STC 8/17, de 19 de enero, en la regulación y reciente interpretación jurisprudencial del art. 294. 1 LOPJ, lo cual hace aconsejable —para formar jurisprudencia mediante la doctrina reiterada a la que se refiere el artículo 1.6 del Código Civil— que la Sala se pronuncie para reafirmar, reforzar o completar aquel criterio o, en su caso, para cambiarlo o corregirlo en los términos —en ambos supuestos— que la Sección de Enjuiciamiento tenga por conveniente».*

dos sentencias para formar jurisprudencia, sino que lo ha argumentado desde una perspectiva material. En efecto, los autos de admisión que así lo acuerdan consideran que, existiendo una sola sentencia, resulta necesario admitir un segundo recurso de casación con la finalidad de afianzar ese primer pronunciamiento, clarificarlo, completarlo, o, en su caso, repensarlo. Es decir, no es que haya afirmado rotundamente que una sola sentencia no constituye jurisprudencia, sino que la alusión al art. 1.6 CC tiene por objeto ilustrar sobre la necesidad de reconsiderar la doctrina fijada en la primera sentencia dictada.

Por eso puede entenderse que si una única sentencia ha resuelto la cuestión dotada de interés casacional con tal detenimiento que puede considerarse despejada en todos sus vértices, solventando así las dudas interpretativas que determinaron su estudio, ya no será necesario reiterar tal declaración para afirmar la existencia de doctrina jurisprudencial[80]. A no ser que resulte necesario corregir el criterio aplicado por el juzgador en la resolución recurrida, en cuyo caso también reviste interés casacional el asunto *ex* art. 88.3.b) LJCA.

3. LA (DE)FORMACIÓN DE LA JURISPRUDENCIA EN EL SISTEMA CASACIONAL

La casación contencioso-administrativa en el sistema procesal español entronca claramente con la función que cumple el tribunal de casación en el ordenamiento jurídico. La recurribilidad general de las sentencias y autos, no susceptibles de recurso ordinario, responde a la función del Tribunal Supremo como órgano superior de la organización jurisdiccional. Que el proceso judicial pueda tener una continuación se justifica atendiendo a la relevancia de las cuestiones jurídicas que en él se suscitan. Su esclarecimiento ha de servir para legitimar la función de los tribunales de casación, cuyas decisiones no sólo permiten dotar de firmeza a las resoluciones recurridas, sino también consolidar una determinada aplicación o interpretación del Derecho.

El elemento central de la casación que permite calificar de extraordinario este recurso es el sofisticado examen sobre el contenido de la resolución recurrida desde la óptica del interés casacional que presente el asunto para la formación de la doctrina jurisprudencial, según resulte directamente del estudio del ordenamiento jurídico a partir de las infracciones que se imputen a la reso-

---

80. SANTIAGO IGLESIAS (2021: 56 y 58) señala que con la nueva configuración de la casación introducida en 2015 *«hay que señalar la suficiencia de un único pronunciamiento del órgano judicial correspondiente para formar jurisprudencia, de modo similar a lo que sucede con el leading-case en los sistemas anglosajones de precedente judicial, parece encajar bien con la filosofía que inspira el nuevo sistema»*. Añade que incluso puede ser contraproducente mantener la exigencia de reiteración contenida en el Código Civil, quebrantándose la seguridad jurídica, *«puesto que no será sencillo saber si el criterio contenido en una resolución judicial ha alcanzado la categoría de jurisprudencia o si todavía se trata de un precedente aislado —no existe un catálogo sistematizado de criterios jurisprudenciales y tampoco la obligación de publicar las resoluciones judiciales donde estos se contienen—»*.

lución recurrida en la aplicación o interpretación de una norma jurídica. La fase de admisión pretende depurar los recursos a examinar por la Sala, redirigiendo su carga de trabajo para que se centre en el enjuiciamiento de asuntos concretos que contribuyan a la unidad de doctrina en la aplicación e interpretación de la ley.

Es lógico que del examen casacional se excluyan aquellos otros recursos interpuestos contra resoluciones que se ajusten a la doctrina jurisprudencial del tribunal de casación. Por el contrario, aquellas otras resoluciones que no se ajusten a la misma parece que habrían de ser corregidas por éste. Y, sin embargo, ante la inidoneidad del motivo de infracción de la jurisprudencia, tan deficientemente articulado en la Ley jurisdiccional como denostado por la prevalencia del interés casacional en los asuntos novedosos o conflictivos, no cabe sino dudar de la eficiencia misma de la casación, tan preocupada por crear jurisprudencia como despreocupada por mantenerla y defenderla[81].

Es una consecuencia más de la objetivación de la casación contencioso-administrativa, como ya ocurriera con el recurso de amparo, que no constituye un instrumento primariamente dirigido a garantizar los derechos fundamentales, sino que persigue el establecimiento de doctrina constitucional en torno a los preceptos que reconocen esos derechos. Como declara la STC 9/2015, de 2 de febrero, «*para la admisión de un recurso no es suficiente la mera lesión de un derecho fundamental o libertad pública del recurrente tutelable en amparo [arts. 53.2 y 161.b) CE y 41 LOTC], sino que además es indispensable (…) la especial trascendencia constitucional*». El derecho de acceso al recurso de estos últimos y su eventual continuación ante el tribunal de casación no es más que una palanca que acciona el mecanismo de la construcción jurisprudencial en el esclarecimiento de las normas, según resulte de las infracciones y del debate plasmado en el litigio, pero que relega los derechos de las partes en el mismo a un segundo plano en aras de priorizar la función institucional de la casación así entendida[82].

Hasta que se materializa la función de formar jurisprudencia los derechos e intereses de las partes litigantes ocupan un plano secundario, incluso cuando la misma es vulnerada en otro pleito, dados los términos tan estrictos en los que el motivo de infracción de la jurisprudencia puede revestir interés casacional. Y ello no deja de ser inconsecuente con las finalidades que persiguió la reforma introducida por la Ley Orgánica 7/2015, que enmarca su objetivo en términos de eficiencia y agilidad, pretendiendo dotar al ordenamiento jurídico de previ-

---

81. Es paradójico, como apunta LÓPEZ MENUDO (2018: 26-27), en referencia a la regulación actual de la casación, que sea tan importante formar jurisprudencia y que no se aplique luego «*"en legítima defensa" de su propia doctrina*».
82. En este sentido, se ha apuntado que esta reforma de la casación quizás sea un «*movimiento pendular tan brusco que arregle ciertas carencias a costa de gestar otras no menos desdeñables*». *Vid.* SÁNCHEZ ÁLVAREZ (2019: 658).

sibilidad y seguridad jurídica mediante la formación de doctrina jurisprudencial. Y, más ampliamente, si la casación pretende dotar de uniformidad la aplicación del Derecho, ¿qué mayor interés casacional puede haber que corregir la falta de uniformidad en la aplicación del Derecho? El interés casacional no parece que deba limitarse a los supuestos de indeterminación del sentido en que deben ser interpretadas las normas más recientes, sino también a aquellos otros supuestos en los que la doctrina jurisprudencial sentada no es seguida, o es aplicada con acierto, por los órganos jurisdiccionales.

Es seguro que son muchos los asuntos sobre los que reflexionar y establecer criterio, que precisamente no habían accedido durante años al Tribunal Supremo en razón de los rígidos límites que venían operando en la casación «antigua» por razón de la materia, de la cuantía o del procedimiento. Y también lo es que los repertorios de jurisprudencia al uso están repletos de construcciones jurisprudenciales sobre las más variadas parcelas de la actividad de la Administración, que incluso son acogidos con frecuencia por el legislador al incorporarlos a las leyes. Algunas de esas construcciones son tan inveteradas que ni se reproducen en las sentencias. Y otras muchas se han fijado hace muchos años y no se han vuelto a cuestionar, pero por eso mismo han perdido la actualidad que en otro tiempo llamó la atención de la doctrina que se apresuró a difundirlas.

La interpretación restrictiva de la admisión de los recursos, encaminada a resolver aquellos recursos que introduzcan alguna novedad en el esclarecimiento de las normas (formando la jurisprudencia), pero que no entre a conocer de aquellos recursos encaminados a paliar su vulneración concreta (deformando la jurisprudencia), es en sí misma contradictoria con la función de un órgano jurisdiccional que sigue siendo un tribunal de justicia, y que precisamente por situarse en la cúspide de un sistema judicial especializado no debería admitir fisuras en la interpretación de las normas y la defensa objetiva del Derecho. No es comparable en este punto, aunque hayan seguido caminos similares, el amparo constitucional con la casación en este orden de jurisdicción, puesto que no es la misma la posición institucional y en el ordenamiento jurídico de ambos tribunales.

Lo importante es que las decisiones que se adopten en la conformación de la doctrina jurisprudencial puedan penetrar en las distintas instancias judiciales y que se garantice su seguimiento y respeto por los demás órganos jurisdiccionales, empezando por el propio tribunal de casación. Porque de nada serviría que una interpretación autorizada en el ejercicio de la función jurisdiccional se diluya en otros tantos procesos sin alcanzar la uniformidad que reclama. Como tampoco tendría ninguna eficacia un sistema casacional que no logre canalizar los asuntos más relevantes ante la cuasi-universalidad de las resoluciones que pueden tener acceso al mismo y los trámites eminentemente formales que el legislador ha decidido potenciar, que pueden acabar eclipsando al tribunal, en vez de descargarle de asuntos para cumplir eficazmente la compleja tarea que tiene por delante en esta etapa.

Tan importante como fijar criterio en asuntos sensibles que requieran la atención del tribunal habría de ser la justicia material del caso, en razón de la propia estructura del sistema judicial y del régimen de los recursos, que por ahora no ha abordado la introducción en el orden contencioso-administrativo de una doble instancia ante decisiones judiciales arbitrarias en ámbitos tan sensibles como la potestad sancionadora, que se deciden en una única instancia judicial cuando conocen los órganos colegiados de la jurisdicción[83].

Ha sido generalizada la reclamación de la segunda instancia en una futura reforma de la Ley Jurisdiccional, tanto en la doctrina[84] como en el seno de la propia Sala Tercera del Tribunal Supremo. En este sentido, el informe adoptado en el Pleno no jurisdiccional de dicha Sala de fecha 5 de mayo de 2014 plasmó un modelo muy similar al que establecería la reforma de la casación contencioso-administrativa introducida por la Ley Orgánica 7/2015, de 21 de julio[85].

La generalización de la segunda instancia se ha convertido en un clamor mucho más sonoro si cabe en el ámbito de la impugnación jurisdiccional de las sanciones graves, a raíz de la STEDH Saquetti c. España de 30 de junio de 2020. Aunque tres sentencias del Pleno de la Sala de lo Contencioso-Administrativo

---

83. En sucesivas ediciones del *Curso de Derecho Administrativo* así lo han venido reclamando GARCÍA DE ENTERRÍA y FERNÁNDEZ RODRÍGUEZ (2015, II: 684): «[en] *la inmensa mayoría de los asuntos más importantes, que son, obviamente, aquellos de los que conocen en única instancia las Salas de la jurisdicción de los Tribunales Superiores de Justicia y de la Audiencia Nacional, los justiciables no contarán sino con una sola oportunidad de que su caso sea enjuiciado por un Tribunal, lo cual no deja de ser inquietante con carácter general e inaceptable cuando se trate de sanciones administrativas, materia ésta en la que la doble instancia viene impuesta por los Tratados Internacionales suscritos por nuestro país (art. 15 del Pacto Internacional de Derechos Civiles y art. 6 del Convenio Europeo de Derecho Humanos)*».

84. Entre otras muchas aportaciones, han venido reclamando la atribución general de competencia inicial a los Juzgados, seguidas de apelaciones posteriores generalizadas, RECUERDA GIRELA, M. Á. (2016: 148-149); MÍGUEZ MACHO (2019: 661), LÓPEZ MENUDO (2021: 126 y ss.) y PAREJO ALFONSO (2018: 344 —y, en conclusiones, 355—); autor este último que alude a la conveniencia del doble examen judicial en asuntos administrativos, «*sobre todo bajo la forma de posibilidad de reconsideración por un órgano judicial colegiado de la decisión que adoptada por un órgano judicial unipersonal*». Ofrece una síntesis de las distintas propuestas DÍEZ-PICAZO GIMÉNEZ (2023: 28 y ss.). Un monográfico sobre la doble instancia en el orden contencioso-administrativo puede encontrarse en *El Cronista del Estado Social y Democrático de Derecho* núm. 99 (2022). Entre los trabajos allí publicados *vid.* TOLEDANO CANTERO.

85. En dicho informe se solicitaba «*que se generalizara la segunda instancia, incrementando a tal fin las competencias atribuidas a los Juzgados de lo Contencioso-Administrativo y, consecuentemente, el abanico de materias y cuestiones de las que las Salas conocerían en apelación. De este modo, asegurada así una doble respuesta judicial, devendría de más fácil aceptación que el Tribunal Supremo abriera la casación sólo para los asuntos necesitados de jurisprudencia*», según señala MENÉNDEZ PÉREZ (2019: 133).

del Tribunal Supremo[86] han venido a salir al paso de la incompatibilidad de la casación con el derecho al reexamen de las sentencias en materia sancionadora, argumentando que la casación puede satisfacer la exigencia de revisión por un tribunal superior de una sanción administrativa de naturaleza penal confirmada judicialmente, a que se refiere el art. 2 del Protocolo 7 del CEDH, la doctrina se ha pronunciado en sentido contrario porque la configuración de la casación actual no es idónea para satisfacer el derecho al reexamen, considerando que la materia sancionadora tiene un sustrato fáctico incompatible con la casación[87].

En efecto, cualquier alegación referida a una desacertada apreciación de la prueba debe tomar como presupuesto elemental que los medios probatorios aportados al proceso, su valoración y la convicción resultante sobre los datos fácticos relevantes para decidir el mismo corresponden a la «soberanía» de la Sala de instancia, sin que pueda ser suplantado o sustituido por el tribunal de casación. No tiene acceso a la casación la valoración de las pruebas practicadas respecto de cuestiones fácticas[88].

Con arreglo al modelo de casación anterior a la Ley Orgánica 7/2015, de 21 de julio, se venía admitiendo que, al amparo del art. 88.1.d) LJCA, se reexaminaran las pruebas de valor legalmente tasado en los casos en los que se alegara irrazonabilidad, arbitrariedad o error de hecho manifiesto en la valoración[89], como vía excepcional y restringida que contaba con el límite de no poder subvertir la regla general de intangibilidad de la apreciación fáctica efectuada en la

---

86. Son las SSTS de 25 de noviembre de 2021 (RRCC 8156/2020 y 8158/2020) y 20 de diciembre de 2021 (RC 8159/2020).

87. Como señala a este respecto CANO CAMPOS (2022: 95-96), no hay más que atender a la responsabilidad del sujeto en los hechos que se le imputan, la existencia de intención o negligencia, la prescripción de la infracción, la proporcionalidad de la sanción o la caducidad del procedimiento para entender que el reexamen de cuestiones de mera legalidad no alcanza a aquellas circunstancias, que son relevantes jurídicamente pero que se contraen a una valoración de los hechos o del caso concreto. Asimismo introduce el autor una precisión conceptual con evidente trascendencia jurídica: «*mientras que la revisión por un tribunal superior es sólo una garantía para el particular, la doble instancia es también una garantía para la Administración, que puede perder el pleito en primera instancia, pero ganarlo en la segunda*» (pág. 97).
   Sobre este particular deben mencionarse también los trabajos de BELTRÁN DE FELIPE (2021), CARO HERRERO (2023 y 2022) y COBREROS MENDAZONA (2020), entre otros.

88. El ATS de 26 de mayo de 2017 (RQ 151/2017) refiere, no obstante, que cuando se está en presencia de una cuestión como pudiera ser la valoración de un documento susceptible de interrumpir la prescripción de la acción de responsabilidad patrimonial, esta circunstancia no permite necesariamente o por sí sola excluir la naturaleza fáctica del documento cuestionado.

89. Por todas, *vid.* las SSTS de 12 de noviembre de 2014 (RC 3801/2013) y 1 de diciembre de 2011 (RC 338/2009). En la doctrina, *vid.* BETANCOR (2012:73 y ss.), quien ilustra detalladamente la revisión de la prueba por el tribunal de casación y los supuestos en los que resultaba procedente con arreglo al modelo anterior de casación en el orden contencioso, esto es, la inadmisión o falta de práctica de algún medio probatorio; la deficiente motivación de la sentencia en relación con la prueba; la infracción de las normas sobre valoración de la prueba, y la interpretación jurídica errónea de la prueba.

instancia. En este sentido, en algunas circunstancias se podía cuestionar la valoración de la prueba, bien que de manera excepcional *«en los casos de errores patentes y ostensibles padecidos por dicha Sala o cuando las conclusiones alcanzadas por ella sean absolutamente ilógicas y carentes de todo fundamento»* (STS de 7 de octubre de 2011, RC 6288/2009); limitándose a *«su carencia de lógica, su insuficiente motivación o la arbitrariedad en que haya podido incurrir; sin que a través de aquél pueda este Tribunal llegar a sustituir por la suya propia, incluso aunque la considere más verosímil que la de la Sala, una valoración, la de ésta, también posible y no incursa en esos concretos vicios»* (STS de 10 de noviembre de 2011, RC 3919/2009), y debiendo, en cualquier caso, distinguir entre los hechos, que no son revisables en casación, y los conceptos jurídicos, sobre los que sí resultaba posible polemizar en sede casacional (STS de 21 de octubre de 2008, RC 3384/2005).

Con la actual casación, sin embargo, parece evidente que estas cuestiones con un sustento probatorio están por lo general excluidas de la casación.

4. LA INSUFICIENCIA DE LOS REMEDIOS PROCESALES Y, EN ESPECIAL, DE LA DEMANDA POR ERROR JUDICIAL ANTE LA INFRACCIÓN DE LA JURISPRUDENCIA

Ante la insuficiencia que presenta la casación en el orden contencioso bien puede decirse que la LJCA no establece mecanismos procesales para asegurarse el cumplimiento de las sentencias de la propia Sala Tercera del Tribunal Supremo.

No puede tenerse por tal, tampoco, el recurso de revisión (art. 102 LJCA), que opera por motivos tasados en relación con sentencias firmes, aunque desde la reforma introducida en la Ley Jurisdiccional por la Ley Orgánica 7/2015, de 1 de octubre, se ha introducido en el art. 102.2 LJCA el motivo basado en la infracción de jurisprudencia, bien que del Tribunal Europeo de Derechos Humanos por violación por sentencia firme de alguno de los derechos reconocidos en el Convenio Europeo para la Protección de los Derechos Humanos y Libertades Fundamentales y sus Protocolos [90].

---

90. Es el caso p. ej. de la reciente STS de 27 de marzo de 2023 (recurso de revisión núm. 44/2021), que estima el recurso de revisión interpuesto por una mercantil contra tres autos de inadmisión de la Sala Tercera del Tribunal Supremo. Y ello a partir de lo declarado en la sentencia de 14 de septiembre de 2021 del Tribunal Europeo de Derechos Humanos, que consideró que no existía razón alguna que justificara que de los cinco recursos de casación interpuestos por la sociedad demandante —todos ellos referidos al procedimiento de expropiación llevado a cabo en relación con cinco parcelas del mismo terreno propiedad de la sociedad demandante y que afectaban a las mismas partes en el procedimiento y se basaban en idénticos fundamentos jurídicos— dos se admitieran y tres se inadmitieran, puesto que esas conclusiones divergentes en materia de admisión, respecto a las formalidades de los escritos de preparación, impidieron a la sociedad demandante obtener una sentencia sobre el fondo por parte del Tribunal Supremo, sin que se explicara por qué se adoptaban tales decisiones contradictorias.

Y en cuanto al error judicial, la jurisprudencia consolidada del Tribunal Supremo ha sostenido tradicionalmente que el procedimiento judicial encaminado a declarar el error en la interpretación y aplicación del Derecho exige que el mismo sea *«craso, patente, indubitado, incontestable o flagrante que haya provocado conclusiones fácticas o jurídicas ilógicas, irracionales, esperpénticas o absurdas»* [91]; circunstancias todas ellas que acotan sin remedio el ámbito de cognición impidiendo que se examine el acierto o desacierto de la resolución judicial a la que se imputa el error, sino únicamente si ésta se ha mantenido *«dentro de los límites de la lógica y de la razonabilidad en la apreciación de los hechos y en la interpretación del Derecho»* [92].

Difícilmente podría entonces prosperar una demanda de error judicial en relación con la vulneración de la jurisprudencia del Tribunal Supremo, que a la postre sirva de sustento a una reclamación de responsabilidad patrimonial *ex* art. 293 LOPJ.

En cualquier caso, para acudir a esta vía es preciso el agotamiento de los recursos ordinarios previstos en el ordenamiento, como establece el art. 293.1.f) LOPJ. Y, a este respecto, siempre que quepa la posibilidad de preparar recurso de casación el posible error cometido habrá de dilucidarse a través de dicho recurso antes de iniciar el proceso por error judicial. Y si el recurso se promueve sin ser procedente o incurriendo en algún defecto que desencadena, indefectiblemente, la inadmisión a trámite, se ha venido diciendo que carece de eficacia interruptora del plazo para formalizar la acción judicial de declaración del error:

«Entender que la interposición de un recurso de casación improcedente suspende el plazo para instar la declaración de error judicial, supondría convertir en ordinarios remedios procesales que no lo son y admitir la posibilidad de una cadena indefinida de recursos contra la letra y el espíritu de nuestra legislación procesal y orgánica, cuyos principios inspiradores, conforme al común sentido, exigen poner, en algún momento, el punto final al proceso para no arruinar la seguridad jurídica que es un valor de estabilidad del Derecho (Sent. de 23 de junio de 2000; Rec. de Rev. núm. 168/1999). Los errores cometidos por el recurrente al preparar el recurso de casación impiden considerar que se haya cumplido el requisito de agotamiento de los recursos previos»[93].

En fechas recientes un interesante pronunciamiento del Tribunal Supremo [la STS de 16 de noviembre de 2022 (recurso núm. 25/2022)] mantiene esta doctrina adaptándola al sistema casacional actual. Sigue siendo aplicable la doctrina sobre el agotamiento de la vía judicial previa mediante el recurso de casación como requisito para poder presentar la demanda de error judicial, en términos análogos, podría decirse, a la articulación procesal del incidente de nuli-

---

91. Por todas, la STS de 16 de noviembre de 2022 (recurso núm. 25/2022).
92. STS, Sala Especial del art. 61 LOPJ, de 22 de febrero de 1996.
93. STS de 28 de enero de 2005 (recurso núm. 8/2022).

dad, puesto que, por una parte, si se frustra el acceso a la casación por causa imputable a la parte recurrente, *«perdiéndose así cualquier posibilidad de examinar (y eventualmente corregir) a través de la casación las infracciones jurídicas que aquella reprochaba (...) no puede tenerse por debidamente cumplido el requisito procesal del artículo 293.1 f)»*, como señala esa misma sentencia. En este caso lo que sucede es que se habría incumplido alguno o algunos de los requisitos anudados al escrito de preparación (art. 89.2 LJCA), cuya valoración, según la Sala Tercera, se nutre sustancialmente de elementos reglados. Por otra parte, como sigue señalando la sentencia, *«la formación del juicio sobre la conveniencia de la admisión del recurso desde el prisma del interés casacional objetivo constituye una valoración innegablemente dotada de un margen de apreciación discrecional»*. En ese caso, estando correctamente preparado el recurso, la Sala puede inadmitirlo si no aprecia interés casacional, en cuyo caso la inadmisión no obedece a la falta de diligencia de la parte recurrente. La falta de interés casacional es ajena a las infracciones que haya hecho valer el recurrente y a la corrección jurídica de la resolución recurrida. La determinación de si un recurso reviste o no interés casacional es un juicio, por tanto, no propiamente jurisdiccional que realiza la Sección Primera o de Admisión y que sirve de antesala al enjuiciamiento propiamente dicho.

Puede ocurrir, por ejemplo, dice la Sala:

> *«que el recurso se inadmita por considerarse que la cuestión suscitada en él reviste un perfil primordialmente casuístico, o porque suscita cuestiones interpretativas del ordenamiento que ya han sido abundantemente esclarecidas por la jurisprudencia consolidada. En estos supuestos, la inadmisión del recurso de casación no supone afirmar que la sentencia de instancia es correcta y acertada en sus juicios y apreciaciones, sino que el recurso de casación plantea cuestiones que no revisten el tan citado interés casacional objetivo».*

Se viene a reconocer entonces que si la inadmisión a trámite se basa p. ej. en la existencia de doctrina jurisprudencial de la Sala, no por ello la sentencia o el auto impugnados han de ser necesariamente conformes a Derecho. Y es en ese punto donde realiza esta apreciación:

> *«Precisamente por eso, no puede desdeñarse apriorísticamente la posibilidad de que una vez inadmitida la casación por esta sola razón, se promueva la demanda de error judicial contra la sentencia de instancia, si se dan los cualificados y restrictivos requisitos que legitiman el uso de esta singular y extraordinaria vía procesal».*

Parece, por tanto, que la interpretación de los presupuestos procesales del error judicial, en lo que atañe al agotamiento del recurso de casación, deja entreabierta la posibilidad de hacer valer una clamorosa infracción de la doctrina jurisprudencial de la Sala allí donde se haya apreciado carencia de interés casacional. No obstante, incluso en esta hipótesis no parece del todo claro que sea apropiado este mecanismo procesal si al mismo tiempo la doctrina tradicional sobre el error judicial viene manteniendo que no es un cauce adecuado para examinar el acierto o desacierto de la resolución judicial impugnada, que es, en definitiva, a lo que se contrae la invocación de la inaplicación de jurisprudencia o de su inobservancia misma.

Por ello, por los muy estrechos márgenes en los que opera la revisión y, en especial, el error judicial, no se trata de un instrumento hábil para remediar una eventual infracción de la jurisprudencia por los órganos judiciales. Con todo, no cabe descartar que se flexibilice este último cauce en atención a las consideraciones de la referida sentencia en torno a la diligencia del recurrente y la apreciación del desinterés casacional por la Sala.

5. LA FORMACIÓN DE LA JURISPRUDENCIA COMO FIN EN SÍ MISMO Y LA RELEGACIÓN DE SU DEFENSA

5.1. PLANTEAMIENTO GENERAL DE LA INFRACCIÓN DE LA JURISPRUDENCIA EN LA CASACIÓN CONTENCIOSO-ADMINISTRATIVA

La admisión del recurso de casación ha estrechado sus márgenes. Y la pregunta que cabe formular es si puede tener acceso, en el seno del sistema de revisión jurisdiccional incardinado en el tribunal de casación, aquella resolución que claramente resulte contraria a su doctrina consolidada, por más que la resolución que recaiga en su momento sea confirmatoria de aquella doctrina y no cumpla, por tanto, con la función de formar la jurisprudencia.

No sólo puede resultar menoscabada la tutela de situaciones jurídicas individuales ante un recurso con desigual suerte para los justiciables (en ocasiones, en situaciones idénticas), sino que, por ende, también puede serlo la función constitucional de control del poder público, al omitirse una resolución sobre el fondo o, incluso, al dejar inaplicada o defectuosamente aplicada o con error una doctrina jurisprudencial que, lejos de hacerse valer para resolver el pleito, se orilla con el pretexto de no reiterarla, en el entendimiento de que el recurso de casación no ha de servir como «dosis de refuerzo» ante la aplicación desacertada por parte del juzgador de instancia, por más que sea patente de la lectura de su sentencia o auto, sino que únicamente ha de ir encaminada al propósito de formar jurisprudencia.

El recurrente en casación puede hacer valer, teóricamente, cualquier posible infracción del ordenamiento jurídico o de la doctrina jurisprudencial, puesto que una vez admitido el recurso es preciso examinar las infracciones jurídicas en las que haya podido incurrir la sentencia o el auto impugnado. Señala el art. 88.1 LJCA que en el recurso se podrá invocar *«una concreta infracción del ordenamiento jurídico, tanto procesal como sustantiva, o de la jurisprudencia».*

En efecto, aunque no se enuncien ya como motivos casacionales tasados, el recurrente puede hacer valer infracciones sustantivas y adjetivas, tanto en lo referido a los presupuestos y desarrollo del proceso como en lo que afecta a la decisión adoptada, cuestionando la aplicación de cualquier norma del ordenamiento jurídico por parte del órgano judicial *a quo*, así como la doctrina jurisprudencial que las ha interpretado; todo ello con la pretensión principal de que se anule, total o parcialmente, la sentencia o auto impugnado que le resulta desfavorable (art. 87 bis.2 LJCA). Desde luego puede poner de manifiesto la falta de jurisdicción o la incompetencia del órgano juzgador, como presupuestos básicos del proceso. Puede combatir el «cómo» de la resolución recurrida (errores *in procedendo*), impetrando el tradicional quebrantamiento de las formas esenciales del juicio en el seno del proceso previo desarrollado para adoptar la resolución. Y puede también disentir de lo razonado en ella, discrepando del «qué» o contenido de la resolución (errores *in iudicando*).

Lo que marca la diferencia es que esas pretensiones diversas que puede deducir el recurrente —y los derechos e intereses subyacentes— aparecen ahora condicionadas por la finalidad que es inherente al recurso de casación: la formación de la doctrina jurisprudencial; finalidad atribuida por la reforma de la casación al Tribunal Supremo, en lo que atañe a la interpretación del Derecho estatal y del Derecho europeo, que ha acabado eclipsando el mantenimiento o defensa de la jurisprudencia existente, a la vista de los pronunciamientos jurisprudenciales de estos últimos y de la posición adoptada con respecto a la infracción de la jurisprudencia ya existente[94].

En algunas materias como urbanismo y expropiación forzosa los escasos autos de admisión que se han dictado revelan que el interés casacional ha residido principalmente en la fijación de jurisprudencia nueva. Que existiera una infracción de la jurisprudencia ya existente por parte de la resolución recurrida ha desplegado la eficacia propia de una circunstancia obstativa de la admisión a trámite[95]. Por el contrario, otras materias más recurrentes en los repertorios tales como tributos y, en especial, función pública, que durante años ha limitado su viabilidad casacional al nacimiento y extinción de la relación de servicios de funcionarios de carrera, desde que entrara en vigor la reforma y se suprimieran los límites materiales y cuantitativos han sido las materias más favorecidas por

---

94.   SANTIAGO IGLESIAS (2021: 57), parece admitir, en la línea que aquí se sostiene, una doble función de la casación, formadora y defensora de la jurisprudencia, cuando sostiene que «*a la luz del nuevo sistema casacional, no parece que deba conocerse de aquellos asuntos sobre los que ya exista un pronunciamiento previo del Tribunal Supremo —o, en su caso, de los Tribunales Superiores de Justicia— y en los que no se pretenda cambiar de criterio o complementar el anterior. En puridad, solo cabría dicha reiteración cuando el motivo de admisión alegado fuese la infracción de jurisprudencia y el resultado pretendido la anulación de la decisión de instancia, es decir, cuando la casación cumpla su función de garantía del seguimiento de la jurisprudencia por los órganos judiciales interiores, supuesto en el que no se estaría formando jurisprudencia sino protegiendo la norma jurisprudencial creada con anterioridad*».

95.   *Vid.* FERNÁNDEZ TORRES (2015, 2017 y 2019).

la apertura de la casación. En este ámbito, que va unido a otras materias de las que conoce la Sección Cuarta de la Sala de lo Contencioso-Administrativo del Tribunal Supremo en fase de enjuiciamiento, como la contratación del sector público (que es, por otra parte, la materia con más movilidad entre Secciones en la historia de la casación contencioso-administrativa), se observa que la admisión a trámite no sólo pretende fijar jurisprudencia nueva, sino que incide en aquellas resoluciones judiciales contrarias a la jurisprudencia existente, a fin de poder casar las mismas.

En esta línea, ha sido habitual la práctica jurisdiccional de admitir dos o tres asuntos idénticos de cabecera y mantener en suspenso la tramitación de aquellos otros recursos con los que se aprecia una igualdad sustancial; práctica material, institucionalizada desde la puesta en marcha de la reforma de la casación en julio de 1016, tras la *vacatio legis*, pero no amparada en un soporte procesal explícito, sino orientada más bien por los principios de eficiencia y de economía procesal, y que ha sido consagrada por la reforma introducida en el art. 94 LJCA por el Real Decreto-ley 5/2023, de 28 de junio[96]. Dicho precepto contempla el dictado de una providencia de suspensión cuando se aprecia la existencia de un gran número de recursos que suscitan una cuestión jurídica sustancialmente igual, de forma que se admitan uno o varios para su tramitación y resolución preferente (siempre que cumplan, como es lógico, con las exigencias impuestas en el artículo 89.2 LJCA y presenten interés casacional objetivo). Se trata de los bloques de asuntos sustancialmente idénticos que siguen la lógica del pleito-testigo. La suspensión se extiende hasta que se dicte sentencia en cualquiera de los recursos mencionados, que se notifica a los «interesados en la suspensión», dice el art. 94.2 LJCA, para que promuevan la continuación del recurso de casación o desistan. En el primer caso, si la sentencia recurrida en casación coincide con lo resuelto por el Tribunal Supremo se dictará providencia de inadmisión en relación con los recursos de casación pendientes. Y si no coincide se admitirá el recurso de casación siempre y cuando cumpla con las exigencias contenidas en el art. 89.2 LJCA y presente interés casacional.

No es del todo precisa la redacción del art. 94.3 LJCA cuando introduce el criterio de la «coincidencia con lo resuelto» como condición para extender, en definitiva, el resultado del recurso tramitado a aquellos que habían sido suspendidos. Más simplemente, una vez recaída sentencia en los recursos tramitados preferentemente se abren dos posibilidades: de ser estimatoria se admitirán los recursos pendientes para casar la resolución judicial de instancia; de ser desestimatoria se inadmitirán tales recursos por carencia sobrevenida de interés casacional objetivo para la formación de jurisprudencia, al estar resueltas

---

96. La exposición de motivos lo justifica así: «*con la finalidad de reducir la actual pendencia en juzgados y tribunales y la masiva entrada de asuntos en la citada Sala del Tribunal Supremo, se introduce la facultad de que los órganos jurisdiccionales puedan suspender los procedimientos en la instancia una vez que la referida Sala haya admitido algún recurso de casación en el que se suscite la misma cuestión controvertida que en aquellos*».

las cuestiones suscitadas en sentido contrario a la tesis de la parte recurrente y sin imposición de costas procesales, al ser los escritos preparatorios anteriores a la sentencia.

Y, por otra parte, no deja de ser inconsecuente que, en este segundo supuesto, el legislador exija como presupuesto jurídico de la suspensión de la tramitación del recurso que el mismo suscite una cuestión jurídica sustancialmente igual a la advertida en un grupo de asuntos y que, una vez resuelta por sentencia esa cuestión en sentido contrario al fallo y a la razón de decidir de la sentencia recurrida, introduzca un examen sobre la admisibilidad del recurso y de la concurrencia del interés casacional. El precepto señala literalmente «*siempre que el escrito de preparación cumpla las exigencias impuestas en el artículo 89.2 y presente interés casacional objetivo*». Parece más lógico desde la perspectiva teleológica de la reforma que se identifiquen correctamente los recursos que presentan la identidad sustancial en aras a suspender su tramitación y de extender el resultado de la sentencia. Una vez suspendido el curso de los procesos en sede casacional se generan inevitablemente unas expectativas legítimas en los recurrentes, que no parece que deban ser truncadas por deficiencias formales cuando la cuestión de fondo suscitada es sustancialmente igual a la resuelta en los recursos tramitados preferentemente.

Desde una interpretación literal del precepto parece imponerse, sin embargo, la solución contraria: al no estar formalmente admitidos a trámite los recursos suspendidos, se impone el control sobre sus formalidades. Una vez más lo formal prevalece sobre la cuestión sustantiva, dada la casi disolución del principio *pro actione* en la casación, según una jurisprudencia constante. Por su parte, que el recurso presente interés casacional parece una consecuencia inherente al pronunciamiento de suspensión, porque si existe identidad sustancial con los recursos de casación que se han tramitado con preferencia será porque esa identidad no está basada en puros formalismos, sino en la concurrencia de la misma cuestión jurídica que revistió interés casacional y propició la admisión a trámite con la finalidad de formar jurisprudencia y de esclarecer el sentido de las normas jurídicas.

5.2. EL CUADRO GENERAL DE SUPUESTOS DE INTERÉS CASACIONAL Y LA AUSENCIA DE UN MOTIVO DE INFRACCIÓN DE JURISPRUDENCIA

Debe partirse de la premisa de que el tribunal de casación goza de un margen de apreciación que se ha dicho es que «*prácticamente absoluto*»[97] o «*enteramente libre*»[98], pero que en cualquier caso cuenta con una doble relación indicativa y no agotadora de supuestos en los que el tribunal de casación «*podrá apreciar la*

---

97. *Vid.* FERNÁNDEZ FARRERES (2015: 110).
98. *Vid.* SANTAMARÍA PASTOR (2015: 23).

existencia de interés casacional objetivo» (art. 88.2), así como de un grupo de supuestos en los que *«se presumirá que existe interés casacional objetivo»* (art. 88.3). Entre ambos grupos o series de supuestos indicativos del interés casacional suman nada menos que catorce, lo cual pone de manifiesto la complejidad que alcanza la determinación de la apreciación del interés casacional en el orden contencioso-administrativo.

Que concurra efectivamente alguno o algunos de esos supuestos no implica necesariamente que el recurso deba ser admitido a trámite, que es ya una diferencia de calado con respecto al modelo de casación de estos últimos años. Pero la cuestión de fondo es la siguiente: ¿pierde interés un recurso de casación por el hecho de que exista jurisprudencia?

Mientras que en la casación contencioso-administrativa no existe un motivo de casación por infracción de la jurisprudencia, *stricto sensu*, no estará de más recordar que en la casación civil la apreciación del interés casacional fue introducida por la Ley 1/2000, de 7 de enero, de Enjuiciamiento Civil (LEC), y que el art. 477.3 LEC tan sólo contempla como supuestos concretos los siguientes:

> *«cuando la resolución recurrida se oponga a doctrina jurisprudencial del Tribunal Supremo o resuelva puntos y cuestiones sobre los que exista jurisprudencia contradictoria de las Audiencias Provinciales o aplique normas sobre las que no existiese doctrina jurisprudencial del Tribunal Supremo».*

Efectivamente, las circunstancias que permiten el acceso a la casación contencioso-administrativa son superiores en número y también bastante precisas, pero no reconocen un motivo autónomo de infracción de la jurisprudencia de la Sala Tercera. A lo sumo puede destacarse alguna circunstancia que puede aproximar la nueva casación al antiguo motivo de infracción de la jurisprudencia *ex* art. 88.1.d) LJCA (*«la infracción de las normas del ordenamiento jurídico o de la jurisprudencia que fueran aplicables para resolver las cuestiones objeto de debate»*), aunque con una eficacia mucho más limitada. Veamos.

5.3. LA ESCASA VIRTUALIDAD DEL ARTÍCULO 88.2.A) LJCA EN LA DEFENSA DE LA JURISPRUDENCIA. SU INTERRELACIÓN CON LA PRESUNCIÓN DE LA INEXISTENCIA DE JURISPRUDENCIA DEL ARTÍCULO 88.3.A) LJCA

Ha declarado la Sala Tercera del Tribunal Supremo que, al amparo del art. 88.2.a) LJCA[99], no cabe descartar la posibilidad de invocar fructuosamente, a efectos de contraste, sentencias de la propia Sala (no sólo de otros órganos jurisdiccionales como parecía deducirse del precepto). El supuesto de interés

---

99. Este supuesto ha resultado «eficacísimo» en la práctica (CANCER MINCHOT: 2021) pese a ser meramente indiciario. Es de muy habitual cita en los escritos preparatorios porque es

casacional engarza con la finalidad esencial de la reforma, que, en caso de contradicción jurisprudencial, exige fijar un *«criterio inequívoco susceptible de resolver las contradicciones doctrinales existentes»*, así como servir *«al principio de seguridad jurídica y, por su intermediación, al de igualdad en la aplicación de la ley (artículos 9.3 y 14 de la Constitución Española)»* [100].

En este sentido, la invocación del art. 88.2.a) LJCA parece diseñada claramente para los supuestos de contradicción con otros pronunciamientos sobre cuestiones sustancialmente iguales, pero en la práctica no sirve al propósito de denunciar la infracción de la jurisprudencia de la Sala, no al menos de manera incondicionada, sino únicamente cuando se aprecie la conveniencia de reafirmar, reforzar o completar aquel criterio, o, en su caso, cambiarlo o corregirlo.

En este punto el art. 88.2.a) LJCA se ha venido utilizando como fundamento idóneo de la admisión [101], pero también en otras ocasiones se ha venido fundamentando la admisión, por estas mismas razones, en la concurrencia de la presunción prevista en el art. 88.3.a) LJCA, ya sea porque se ha considerado necesario fijar la jurisprudencia; reforzarla cuando fue invocada ante la Sala de instancia y no aplicada por ésta [102], o salvaguardar su observancia por los demás órganos jurisdiccionales para prevenir actitudes de inaplicación infundada [103].

Y también se ha dicho lo contrario: que si la jurisprudencia está formada o fijada, no habrá interés casacional alguno, por más que la Sala o Juzgado de instancia haya incurrido en un error palmario en su aplicación [104].

Al propio tiempo se ha sostenido que carece de lógica jurídica afirmar, de manera simultánea y sin matices, que sobre una cuestión litigiosa no existe jurisprudencia del Tribunal Supremo [art. 88.3.a) LJCA], y que lo dicho por la

---

un supuesto muy claro en el que distintos órganos jurisdiccionales no es que resuelvan cosa distinta en atención a una misma cuestión jurídica, sino contradictoria. En el escrito se ha de poner de manifiesto con rigor que existe contradicción jurisprudencial mediante (i) la cita precisa y detallada, que habilite sin mayor esfuerzo la identificación y localización de las sentencias de otros órganos jurisdiccionales eventualmente contradictorias con la recurrida; (ii) el análisis que permita confirmar la «sustancial igualdad» de las cuestiones resueltas en unas y otra, en el bien entendido de que la «cuestión» cuya igualdad se predica viene determinada tanto por la norma aplicada como por la realidad a la que se aplica; y (iii) la expresión de que las sentencias confrontadas optan por tesis hermenéuticas divergentes, contradictorias e incompatibles [AATS de 18 de abril de 2018 (RQ 105/2018), 5 de noviembre de 1018 (RQ 427/2018) y 1 de marzo de 2019 (RQ 43/2019), entre otros muchos].

100. ATS de 15 de marzo de 2017 (RC 93/2017).
101. ATS de 29 de marzo de 2017 (RC 176/2017) y ATS de 20 de junio de 2019 (RC 80/2019).
102. ATS de 19 de diciembre de 2019 (RC 6786/2019).
103. STS de 27 de febrero de 2018 (RC 170/2016) y ATS de 21 de noviembre de 2019 (RC 3382/2019).
104. AATS de 6 de junio de 2018 (RC 2037/2018), donde puede leerse que *«el eventual error de derecho de la Sala de instancia, aunque fuera patente como lo califica GAE, no dota, per se, a la infracción denunciada de interés casacional objetivo para la formación de jurisprudencia. Si la jurisprudencia está formada y consolidada sólo la cuidadosamente justificada necesi-*

sentencia de instancia sobre esa misma cuestión infringe la jurisprudencia sentada por el propio Tribunal Supremo [art. 88.2.a) LJCA]. También se ha considerado que resulta contradictorio mantener que la Sala de instancia se ha apartado deliberadamente de la jurisprudencia [art. 88.3.b) LJCA] y a la vez afirmar que se ha resuelto el pleito con base en normas jurídicas sobre las que no existe jurisprudencia [art. 88.3.a) LJCA]. Ambas proposiciones se excluyen mutuamente.

5.4. LA ESCASA O NULA VIRTUALIDAD DEL ARTÍCULO 88.3.B) LJCA [EN LA REDACCIÓN ANTERIOR AL RD-LEY 5/2023] COMO MECANISMO PROCESAL PARA LA DEFENSA DE LA JURISPRUDENCIA

El supuesto más parecido al motivo de infracción de jurisprudencia es la presunción que sienta el art. 88.3.b) LJCA. No obstante, los términos del precepto hacen casi imposible que sea viable su alegación, ya que se pide de la Sala un doble componente de subjetividad: un apartamiento deliberado de la jurisprudencia propiamente dicha, que es únicamente la del Tribunal Supremo, por considerarla errónea.

Baste señalar que hasta ahora la Sección de Admisión ha venido interpretando que, en virtud de dicho precepto, se presume el interés casacional:

> *«cuando en la sentencia de instancia ha habido un apartamiento "deliberado" de la jurisprudencia y se presume el interés casacional, es porque ha habido un apartamiento consciente, explícito, intencionado y reflexivo, siendo así que ni tan siquiera menciona la parte actora de qué sentencia o sentencias se aparta presuntamente la Sala de instancia. No basta con denunciar una mera inaplicación, o una aplicación equivocada, de la jurisprudencia por el órgano de instancia, sino que se exige que la parte recurrente justifique en el escrito de preparación que la resolución judicial que se pretende impugnar (i) ha hecho una mención expresa de la jurisprudencia (ii) ha señalado que la conoce y la ha valorado jurídicamente, y (iii) se ha apartado de ella expresamente por entender que no es correcta»* [105].

---

dad de matizarla, precisarla, concretarla o incluso de corregirla justificaría la conveniencia de un nuevo pronunciamiento del Tribunal Supremo; no es el caso. Tal necesidad no se aprecia, prima facie, ni tampoco se justifica con la intensidad requerida en el escrito de preparación, que se limita a decir que "resulta conveniente que el Tribunal Supremo aclare, sin posibilidad de interpretación alguna por parte del órgano a quo, cómo deben computarse los plazos por meses, para garantizar con plenitud el principio de seguridad jurídica"; esto es, se pide negarles una posibilidad que el legislador acepta: apartarse deliberadamente de la jurisprudencia existente al considerarla errónea [vid. artículo 88.3.b) LJCA]».

105. ATS de 30 de mayo de 2022 (recurso de revisión 398/2021). Con anterioridad lo recogieron los AATS de 8 de marzo de 2018 (RC 40/2017) y de 15 de febrero de 2017 (recurso de queja 9/2017).

Cuando el apartamiento es realmente «deliberado» el legislador presume *iuris et de iure* que la cuestión suscitada tiene interés casacional objetivo para la formación de la jurisprudencia y, por lo tanto, determina ya desde la propia norma legal la admisión del recurso de casación. Pero, como se ha destacado, es casi de imposible cumplimiento[106], pues rara vez los órganos jurisdiccionales mantendrán una posición contraria a la línea oficial mantenida por el Alto Tribunal. Pueden sostener esa posición, desde luego, pero es infrecuente encontrar sentencias que contravengan la jurisprudencia explícitamente; menos aún de manera deliberada y por considerarla errónea, que es el único caso en el que la LJCA —con anterioridad a la modificación introducida por el Real Decreto-ley 5/2023— reconoce interés casacional para defender la jurisprudencia que ha sido puesta en cuestión.

La LJCA permite que la jurisprudencia evolucione y que el dinamismo judicial impregne las distintas instancias, de suerte que la jurisprudencia no es vinculante[107], como acontecía con una de las ya extintas modalidades del recurso de casación —el recurso en interés de la ley, previsto en los arts. 100 y 101 LJCA—, sino que una vez formada la jurisprudencia se espera que los órganos judiciales queden impregnados de la nueva corriente jurisprudencial y la apliquen en sus pleitos.

Pero la misma LJCA no establece otros mecanismos procesales para asegurarse el cumplimiento de las sentencias y dotar de eficiencia a la jurisprudencia uniforme que emana de la casación[108]. Según el criterio aplicado hasta ahora por la Sala Tercera, la circunstancia de que no se siga su doctrina no implica que exista interés casacional en corregir la sentencia discrepante o díscola, de forma que ninguna consecuencia jurídica se anuda al incumplimiento de la jurisprudencia[109].

---

106. *Vid.* SANTAMARÍA PASTOR (2018, I, 49), quien mantiene que ello sucede *«no sólo por el equívoco a que induce (la supuesta exclusión de las contradicciones no deliberadas), sino porque define una hipótesis de laboratorio»*.
107. Señala SÁNCHEZ ÁLVAREZ (2019: 657) que no deja de resultar paradójico que con la reforma de la casación se predique una «proyección general» cuando no tiene efecto vinculante en sí misma ni probablemente debiera pesar más que la tutela de intereses subjetivos de los justiciables.
108. En este sentido MESTRE DELGADO (2016: 1.031) apela al establecimiento de mecanismos procesales que permitan que los criterios jurisprudenciales contenidos en las sentencias de casación sean aceptados y aplicados por todos los órganos judiciales y también por las Administraciones Públicas.
109. *Vid.* SANTIAGO IGLESIAS (2021: 68), quien afirma en esta línea que no se está reconociendo efecto vinculante a la jurisprudencia, no al menos en sentido absoluto.

6. UN ANÁLISIS DE LA REFORMA INTRODUCIDA EN EL ARTÍCULO 88.3.B) LJCA POR EL RD-LEY 5/2023

6.1. ANTECEDENTES DE LA REFORMA

Hasta la reforma introducida en el art. 88.3.b) LJCA por el Real Decreto-ley 5/2023, de 28 de junio[110], el precepto se expresaba en estos términos: *«b) Cuando dicha resolución se aparte deliberadamente de la jurisprudencia existente al considerarla errónea»*. En la nueva redacción se mantiene este apartamiento (diríase que por acción decidida) del órgano jurisdiccional que dictó la resolución que se recurre en casación. La reforma introducida añade el apartamiento (de la jurisprudencia) de modo inmotivado pese a haber sido citada en el debate o ser doctrina asentada.

El origen este nuevo inciso del art. 88.3.b) LJCA se encuentra en las enmiendas presentadas por tres grupos parlamentarios al proyecto de ley de medidas de eficiencia procesal del servicio público de Justicia. Como sucedió con la reforma de casación civil, una vez caducado aquel proyecto de ley muchos de sus preceptos y enmiendas se trasladaron en bloque al texto del Real Decreto-ley 5/2023[111]. De esas enmiendas la única que contiene una justificación es la del Grupo Parlamentario Vasco, en los siguientes términos:

> *«Se modifica el apartado 3.b) a fin de aclarar su aplicación en consonancia con las aportaciones realizadas en distintos foros de debate, tratando de que, además de fijar jurisprudencia, se aplique mediante la admisión del recurso contra sentencias que no la sigan, en la misma línea que se establece para el recurso de casación civil. Sería esto una medida en pro de la conveniente unificación de los recursos de casación de los distintos órdenes jurisdiccionales».*

Se trata de la única explicación existente, ya que en la exposición de motivos del Real Decreto-ley 5/2023 no se contiene ninguna referencia[112]. De la justificación aportada en esa enmienda se deduce el interés en proteger la jurispru-

---

110. La denominación completa es Real Decreto-ley 5/2023, de 28 de junio, por el que se adoptan y prorrogan determinadas medidas de respuesta a las consecuencias económicas y sociales de la Guerra de Ucrania, de apoyo a la reconstrucción de la isla de La Palma y a otras situaciones de vulnerabilidad; de transposición de Directivas de la Unión Europea en materia de modificaciones estructurales de sociedades mercantiles y conciliación de la vida familiar y la vida profesional de los progenitores y los cuidadores; y de ejecución y cumplimiento del Derecho de la Unión Europea.
111. Son las enmiendas núms. 52, 212 y 579, presentadas, de forma respectiva, por el Grupo Parlamentario Vasco (EAJ-PNV), el Grupo Parlamentario Confederal de Unidas Podemos-*En Comú Podem*-Galicia en Común y el Grupo Parlamentario Socialista. BOCG, Congreso de los Diputados, XIV Legislatura, Serie A, núm. 97-3, de fecha 3 de febrero de 2023.
112. Las críticas de la doctrina ante la aprobación de una norma de esta naturaleza no se hicieron esperar. *Vid*. el artículo de Tomás-Ramón Fernández publicado en el diario La Razón el 12 de julio de 2023 bajo el título «Un Decreto-ley "escoba"». Críticas motivadas no tanto por la finalidad perseguida, que admite que sirve para *«mejorar la redacción del artículo 88.3.b) para facilitar la admisión del recurso de casación por infracción de la jurisprudencia»*, sino

dencia, de forma que se admitan los recursos que «no la sigan». Se pretende unificar criterios entre los distintos órdenes jurisdiccionales. Nada más se dice y no deja de llamar la atención que, en contra de lo que se afirma, la unificación esté lejos de alcanzarse si en el mismo texto legislativo de urgencia difiere la formulación del interés casacional en la casación civil en comparación con la contencioso-administrativa, expresada la primera en términos mucho más simples como la mera oposición a la doctrina jurisprudencial del Tribunal Supremo.

En defecto de una explicación razonada de la introducción de esta medida en el art. 88.3.b) LJCA, es posible explorar diversos antecedentes en la jurisprudencia del Tribunal Constitucional, en pronunciamientos aislados del Tribunal Supremo y en la propia doctrina científica.

Por lo que se refiere al Tribunal Constitucional, se hizo eco del debate acerca de si resulta necesario establecer un elenco de criterios más previsibles para salvaguardar la seguridad jurídica. Si la reforma operada por la Ley Orgánica 7/2015, de 21 de julio, estableció un catálogo amplio de supuestos de interés casacional en dos listas, al tiempo que introdujo un *numerus apertus* de circunstancias indiciarias en el art. 88.2 LJCA («entre otras circunstancias», dice el precepto en su encabezamiento), unos años antes la STC 155/2009, de 25 de junio, refirió una suerte de criterios o supuestos concretos dotados de la «especial trascendencia constitucional» exigida en el recurso de amparo, cuya concurrencia determinaría consiguientemente la admisión a trámite del mismo. Entre esos supuestos se incluía la *«negativa manifiesta del deber de acatamiento de la doctrina del Tribunal Constitucional»*, cuyo paralelismo con el *«apartamiento deliberado de la jurisprudencia existente al considerarla errónea»* resulta evidente, trazando un objetivo común o compartido entre las circunstancias justificativas de la admisión del recurso de amparo y del recurso de casación[113].

Unos años después, el Tribunal Constitucional dulcificó la exigencia de que la negativa manifiesta del deber de acatamiento a su doctrina se formule en términos expresos. La STC 106/2017, de 18 de septiembre, efectivamente relaja esa exigencia y dice lo siguiente:

> «(...) este Tribunal, por providencia de 20 de diciembre de 2016, admitió a trámite el presente *recurso* de amparo al apreciar "que concurre en el mismo una especial trascendencia constitucional (artículo 50.1 de la LOTC) como consecuencia de

---

por la urgencia con la que se ha aprobado, que no es otra que *«dar salida a todas las cuestiones y compromisos pendientes, que eran muchas, en previsión de que el 23 J cambie el escenario. El Decreto-ley 5/2023 es un Decreto-ley "escoba", de liquidación de cuestiones pendientes»*. La denominación de decreto-escoba rememora las conocidas como leyes-escoba (o de acompañamiento) de los Presupuestos Generales del Estado. Sobre la creciente utilización de la legislación de urgencia en estos últimos años pueden verse, entre otros, ARANA GARCÍA (2013), MARTÍN REBOLLO (2015), ARAGÓN REYES (2016).

113. *Vid*. ROMERO REY (2020).

que el órgano judicial pudiera haber incurrido en una negativa manifiesta del deber de acatamiento de la doctrina de este Tribunal [STC 155/2009, FJ 2, f)]". *Una negativa que «se ha sostenido por este Tribunal desde el ATC 26/2012, de 31 de enero, FJ 3, no puede ser identificada con "la errónea interpretación o aplicación de la jurisprudencia, incluso si fuera objetivable y verificable" en el caso concreto. Para el Tribunal se trata de algo radicalmente distinto como lo es la voluntad manifiesta de no proceder a su aplicación; o dicho en otras palabras, a una decisión consciente de soslayarla (en este sentido, STC 133/2011, de 18 de julio, FJ 3, y 155/2015, de 8 de junio, FJ 2)» (STC 5/2017, de 16 de enero, FJ 2. Y es que es precisamente "el 'elemento intencional o volitivo' el que caracteriza este concreto supuesto de especial trascendencia constitucional" (STC 5/2017, FJ 2) y el que lo distingue de un supuesto subjetivo, que no objetivo, de vulneración por inaplicación de la jurisprudencia constitucional. En otras palabras, el incumplimiento por sí solo de la doctrina dictada por este Tribunal, no puede ser considerado como un supuesto de especial trascendencia constitucional, pero una vez advertida la cualidad que hace del mismo un supuesto de trascendencia constitucional —es decir, la existencia de una negativa manifiesta— este Tribunal debe conocer del recurso y aplicar su doctrina al caso concreto.*

Dicho esto, se ha de poner de relieve que en las SSTC 5/2017 y 6/2017, de 16 de enero, FJ 2, tanto la Sala Primera como la Sala Segunda, apreciaron la concurrencia de dicho elemento intencional de incumplir la doctrina constitucional en supuestos en los que el órgano judicial, aun conociéndola, dado que había sido citada y extractada en lo fundamental en el escrito por el que se promovió el incidente de nulidad de actuaciones, lo resolvió sin hacer consideración alguna. Hay que advertir al respecto, que en estos casos, al igual que en el presente, en la jurisprudencia alegada se ponía de manifiesto la doctrina elaborada por este Tribunal sobre la interpretación que debía darse del artículo 686.3 LEC, en redacción producida con la Ley 13/2009, para no incurrir en la vulneración del artículo 24.1 CE. Y es que, aparte del elemento volitivo o intencional de incumplimiento, es necesario que este lo sea referido a una doctrina concreta y precisa del Tribunal, no siendo suficiente cualquier pronunciamiento jurisprudencial que se entienda incumplido.

En el presente caso concurre la especial transcendencia antes indicada, puesto que la demandante cita la doctrina consignada en la STC 131/2014, de 21 de julio, para justificar la obligación de practicar razonables diligencias de averiguación de domicilio antes de acudir a la citación edictal y, no obstante ello, el órgano judicial dispensa una respuesta que elude cualquier tipo de consideración sobre la dimensión constitucional puesta de relieve, lo que denota una voluntad implícita de no aplicar la referida doctrina al caso».

En este sentido, en la doctrina constitucional se produce una apertura cuando la «*negativa manifiesta del deber de acatamiento de la doctrina constitucional*» comprende aquellos supuestos en los que las partes han alegado de manera circunstanciada esa doctrina en sus escritos procesales y el órgano jurisdiccional resuelve sin mencionarla si quiera, contraviniéndola por omisión o elusión, de tal forma que puede presumirse entonces que concurre en su decisión un elemento intencional o volitivo.

En cuanto a la doctrina del Tribunal Supremo, un precepto tan estricto en sus propios términos como el art. 88.3.b) LJCA en alguna ocasión puntual se ha interpretado en el sentido de que, excepcionalmente, cabe invocar la presunción en él contenida cuando el rechazo de la jurisprudencia resulta implícito pero, a la vez, ostensible y manifiesto, en la medida que la lectura de la resolución judicial impugnada evidencia que se ha producido un apartamiento deliberado de la jurisprudencia por considerarla errónea.

Aunque este apartamiento implícito ha constituido hasta ahora una doctrina minoritaria de la Sala, cabe citar en esta línea que han sido elocuentes y de gran trascendencia los pronunciamientos de la Sala Tercera del Tribunal Supremo que corrigen la errónea aplicación del cómputo de los plazos efectuada por la Sala de lo Contencioso-Administrativo del Tribunal Superior de Justicia de Galicia, que no descontaba el mes de agosto en el cómputo del plazo bimensual que establece el art. 46.1 LJCA en los procedimientos ordinarios, dando al traste con los recursos contencioso-administrativos por la falta de ese presupuesto procesal de admisibilidad, en contra de la doctrina consolidada del Tribunal Supremo sobre el cómputo de los plazos y de la propia dicción de la legislación procesal. Aunque la doctrina ya estaba creada y era pacífica, se admitieron distintos recursos con el propósito de casar estos erráticos pronunciamientos de dicha Sala territorial[114].

Así, en uno de los autos de admisión de esos asuntos más citados (de fecha 25 de febrero de 2020, RC 3684/2019)[115], se aprecia una virtualidad expansiva del art. 88.3.b) LJCA que permite reexaminar aquellas sentencias que, aunque no se opongan explícitamente a la doctrina del Tribunal Supremo, expresen un rechazo de tal doctrina que:

> *«sí es ostensible y manifiesto, evidenciándose de la respuesta judicial impugnada un apartamiento deliberado de la jurisprudencia por considerarse errónea».*

---

114. Pueden verse las SSTS de 10 de mayo de 2022, 18 de marzo de 2021, 2 de julio y 25 de junio de 2020 (recaídas, respectivamente, en los RRCC 1874/2021, 3684/2019, 3780/2019 y 5041/2019).
    Como fácilmente puede observarse, saldrían así al paso estos pronunciamientos de la crítica que justificadamente podría recibir la omisión del ejercicio de la defensa de la jurisprudencia propia, que engarza con distintos valores que impregnan el ordenamiento jurídico como la igualdad en la aplicación de la ley o la justicia material. Más aún cuando las distintas sensibilidades que anidan en la Sección de admisión, renovada periódicamente *ex* art. 90.2 LJCA, pueden ser más o menos proclives a corregir los errores *in iudicando* atinentes a la infracción de jurisprudencia, lo cual dificulta explicar al justiciable que en unos casos proceda una corrección de los pronunciamientos y en otros dejar firmes resoluciones judiciales incompatibles con lo resuelto por la más alta instancia jurisdiccional por el hecho de constituir jurisprudencia.
115. *Vid.* TIMÓN HERERRO (2020).

Dicho auto alcanza la siguiente conclusión:

> *«(…) concurre la existencia de la presunción invocada por la recurrente, pues los autos de la Sala de instancia soslayan la jurisprudencia invocada de contrario, adverándose que, realmente, se aparta de ella por entender que no es correcta al considerar —la jurisprudencia esgrimida— inhábil el mes de agosto a efectos del cómputo de los plazos de interposición del recurso contencioso-administrativo. En consecuencia, esta Sección de Admisión concluye que la presunción de interés casacional contemplada en el artículo 88.3.b) de la Ley Jurisdiccional adquiere plena operatividad y procede, por tanto, la admisión del presente recurso de casación».*

El supuesto examinado no cabe duda de que sienta un precedente de la reforma emprendida por el reciente Real Decreto-ley 5/2023 —anteriormente incorporada en forma de enmiendas al proyecto de ley de medidas de eficiencia procesal del servicio público de la justicia—. Aunque se trata de un supuesto aislado, engarza con exigencias de justicia material y equidad en la aplicación de las normas, como es el caso de combatir los pronunciamientos que se descuelgan de una doctrina jurisprudencial pacífica que, sin exteriorizarlo de una forma deliberada, sí lo hacen de manera «ostensible y manifiesta» a pesar de que en el debate trabado en el proceso la parte recurrente ha puesto de relieve esa doctrina.

También en esta línea se aprecia una cierta repercusión en el ámbito tributario, ya que han recaído varios autos de admisión que, constatando una doctrina consolidada de la Sala Tercera y una posible contravención por las Salas territoriales de instancia, han fundado la apreciación del interés casacional no ya sólo con la finalidad de formar la jurisprudencia:

> *«sino también [de] salvaguardar o defender la jurisprudencia ya creada cuando se aprecia una desviación en la interpretación del ordenamiento jurídico que puede tener efectos expansivos a todo el ámbito de una Comunidad Autónoma»* [116].

---

116. La cursiva es mía. Corresponde al ATS de 6 de mayo de 2021 (RC 5517/2020), que constata la existencia de doctrina de la Sala Tercera sobre los requisitos que deben reunir las notificaciones realizadas por la Agencia Tributaria a través del servicio de Correos mediante certificación con acuse de recibo; doctrina que, en contra de lo que sostenía la Sala territorial de Galicia, mantiene la aplicación del Reglamento de Servicio de Correos, aprobado por el Real Decreto 1829/1999, de 3 de diciembre. Al cabo de unos meses recayó la STS de 18 de octubre de 2022, que se reafirmó en la doctrina de la Sala, anulando la de instancia.
También se advierte el mismo razonamiento en el ATS de 3 de junio de 2021 (RC 6087/2020) en relación con la *«compatibilidad de la tasa general y la tasa especial prevista en los artículos 24.1.a) y 24.1.c) TRLHL de ordenanzas fiscales de contenido sustancialmente idéntico al de la concernida por este litigio. Estos pronunciamientos han dado lugar a unos consolidados criterios hermenéuticos, profusamente reiterados [vid., por todas, las sentencias de 18 de enero de 2017 (recurso de casación 1473/2016; ECLI:ES:TS:2017:95), y 27 de marzo de 2017 (recurso de casación 525/2016; ECLI:ES:TS:2017:1087), y el auto de 12 de diciembre de 2018 (RCA 5017/2018; ECLI:ES:TS:2018:13342A)]. Sin embargo, la preparación de distintos recursos de casación por la propia Diputación Provincial de Jaén apunta a que la Sección Segunda de*

Y la doctrina científica no dejó de advertir que una interpretación demasiado rigorista del art. 88.3.b) LJCA podía terminar por diluir, en opinión de SANTA-MARÍA PASTOR, *«las discrepancias implícitas, pero inequívocas»* de la resolución recurrida[117], añadiendo a este respecto que:

> *«(…) entre estos casos se encuentran aquéllos en los que la resolución recurrida no hace referencia alguna a la jurisprudencia que las partes hayan invocado a lo largo del debate, en los que la Sección de Admisión ha negado la concurrencia de este motivo casacional; la omisión de alusiones a la jurisprudencia citada es un indicio evidente de la discrepancia, que la Sala Tercera debiera corregir en vía casacional».*

Y, en esta línea, en palabras de Tomás-Ramón FERNÁNDEZ:

> *«no puede desdeñarse en absoluto la corrección de las eventuales desviaciones de la jurisprudencia existente en las que puedan incurrir los tribunales inferiores, sean estas deliberadas o no, ya que no tendría el más mínimo sentido poner tanto empeño en la elaboración de la jurisprudencia si, una vez bien establecida esta, el Tribunal Supremo se desentendiera de asegurar su efectiva observancia»*[118].

---

la Sala de lo Contencioso-Administrativo del Tribunal Superior de Justicia de Andalucía, con sede en Granada, parece estar manteniendo un criterio contrario al sostenido por este Tribunal Supremo». Al cabo de unos meses también se reafirmó la doctrina del Tribunal Supremo (STS de 11 de octubre de 2022).

Por su parte, con cita expresa del primero de los autos inaugurales de esta línea de jurisprudencia flexibilizadora del alcance del art. 88.3.b) LJCA (esto es, el ATS de 25 de febrero de 2020, RC 3684/2019), en otros asuntos también ha apreciado la Sección de Admisión que *«cabe reputar que la Sala de instancia no ha seguido la jurisprudencia de las sentencias citadas en interpretación del artículo 174.5, párrafo 1.º, de la LGT y ello porque, a pesar de que la parte recurrente invocó el citado precepto —en la demanda— y la jurisprudencia que lo interpretaba —en el incidente de aclaración, rectificación y complemento—, los términos en los que se pronuncia la sentencia y el auto que deniega la aclaración y complemento ponen de manifiesto que la Sala a quo circunscribe el ámbito de la impugnación a los requisitos del presupuesto habilitante de la responsabilidad acordada, rehuyendo el análisis de las alegaciones realizadas en relación con la legalidad de las deudas y sanciones derivadas al responsable tributario»* (ATS de 13 de octubre de 2022, RC 2582/2022).

El pronunciamiento más reciente en fase de admisión (ATS de 25 de enero de 2023, RC 3996/2022) constata la pacífica jurisprudencia sobre la aplicación de la previsión contenida en el artículo 135.5 LEC al plazo de dos meses previsto para la interposición del recurso contencioso-administrativo. *«La Sala Tercera del Tribunal Supremo ha dictado, entre otras, las sentencias de 26 de diciembre de 2011 (unificación de doctrina 207/2008, ES:TS: 2011:9151) y 13 de julio de 2012 (casación 3567/2008, ES:TS:2012:5524) de las que se deduce que puede presentarse el escrito de interposición del recurso contencioso-administrativo hasta las quince horas del día siguiente al vencimiento del plazo, en virtud de la aplicación supletoria del artículo 135 LEC».* En este caso la Sala territorial de Valencia tuvo por extemporáneo el recurso. Sin embargo, el 19 de julio de 2009 fue domingo y, por lo tanto, jornada inhábil, con lo que el plazo se prorrogó hasta el lunes 20, siguiente día laborable. El recurso finalmente fue interpuesto el día 21 antes de las 15.00 horas, siendo tempestivo y admisible de acuerdo con la interpretación que el Tribunal Supremo ha dado al artículo 135 LEC.

117. *Vid.* SANTAMARÍA PASTOR (2018, II: 73).
118. *Vid.* FERNÁNDEZ RODRÍGUEZ (2018: 122).

Con todo, esta tímida apertura hacia los apartamientos implícitos que se empezaban a abrir camino por méritos propios en el repertorio de jurisprudencia, a la vista de que se trataba además de casos claros y patentes donde debían prevalecer la seguridad jurídica y la tutela judicial efectiva, no dejaba de ser episódica. Se hacía preciso contar con una plasmación en la propia Ley jurisdiccional que permitiera corregir el supuesto tan rígido en el que incurre la redacción inicial del art. 88.3.b) LJCA, que constriñe su interpretación misma y su virtualidad como instrumento de protección de la jurisprudencia que la Sala contribuye a formar con motivo de la admisión de los recursos de casación y su posterior resolución.

6.2. ALCANCE Y POSIBLE PROYECCIÓN

En el contexto descrito se adopta una modificación del precepto que, conservando la redacción original sobre el apartamiento deliberado de la jurisprudencia existente, añade que también se presume interés casacional cuando la resolución judicial se aparte *«de modo inmotivado pese a haber sido citada en el debate o ser doctrina asentada».*

En lugar de haber optado por simplificar la redacción con un apartamiento u oposición, sin más, a la doctrina jurisprudencial, parecen distinguirse dos supuestos: el apartamiento deliberado y el inmotivado. Los dos con el carácter de presunción *iuris et de iure* porque, de concurrir sus presupuestos habilitantes, desencadenan la admisión a trámite. El apartamiento en ellos expresado no puede propiciar en tal caso la inadmisión del recurso, ya que el art. 88.3. *in fine* no permite que, constatado un apartamiento deliberado o inmotivado en los términos expresados por el precepto, se pueda declarar *«que el asunto carece manifiestamente de interés casacional objetivo para la formación de jurisprudencia».* Parece lógico que así sea, porque la admisión del recurso iría encaminada en tales casos a anular o casar la resolución recurrida, no a formar jurisprudencia.

Más allá de la oportunidad perdida de haber simplificado o al menos clarificado la redacción del precepto y de la consideración que merece su primer inciso, ya examinada anteriormente, lo relevante es interpretar ahora el posible alcance que puede derivarse de un apartamiento inmotivado, bien por haberse citado por las partes la jurisprudencia controvertida o por ser doctrina asentada, que son los dos supuestos que distingue este novedoso segundo inciso del precepto así redactado.

En cuanto al primer supuesto, parece aludir, por contraposición al apartamiento deliberado, al que se produce por omisión del órgano juzgador, que elude resolver conforme a la jurisprudencia existente a pesar de haber sido citada en el debate, y no precisamente de manera incidental.

En cualquier caso, la expresión «de modo inmotivado» no es afortunada, porque en puridad no se plantea un problema de motivación sino de congruencia, que es un requisito de las sentencias que no se constriñe a las pretensiones contenidas en el suplico de los escritos procesales y admitidas o rechazadas en el fallo de la sentencia, sino que se extiende a la argumentación jurídica[119] en abstracto, calificada a través de los «motivos» o *causa petendi*. Las pretensiones han de aparecer revestidas de una fundamentación que sirva al propio tiempo para identificarlas, pudiendo basarse también en la jurisprudencia existente. El juez o tribunal es preciso que sea coherente con *«los motivos que fundamenten el recurso y la oposición»* (art. 33.1 LJCA). El proceso permite contrastar dialécticamente las posiciones del demandante y del demandado, protagonistas del proceso y el órgano judicial debe ajustarse al debate allí trabado, debiendo considerar en la sentencia tanto las pretensiones deducidas como las razones, alegaciones o argumentos que le sirven de apoyo, identificados técnicamente como «motivos» en los escritos de demanda y contestación.

Así pues, conforme a este supuesto se omite la cita de la jurisprudencia invocada oportunamente por las partes, derivándose de esa omisión no un mero indicio sino una presunción legal de interés casacional; presunción cifrada en la necesidad de corregir la discrepancia que denota el órgano de instancia no haciéndose eco del debate trabado en la resolución recurrida.

En este caso resulta imprescindible que la invocación de esa jurisprudencia no constituya una cuestión nueva, sino que resulte del debate sustanciado, de manera que debe exigirse que se identifiquen «con precisión» en el escrito preparatorio las normas o la jurisprudencia que se consideran infringidas, justificando que fueron alegadas en el proceso o consideradas por el órgano jurisdiccional de instancia, como establece el art. 89.2.b) LJCA. No compete al tribunal de casación suplir la actividad de las partes, sino que la casación se rige por el principio rogatorio y ha de atenerse a los fundamentos jurídicos articulados por ellas en el proceso, que habrán de guardar una coherencia o una línea de continuación lógica con las normas suscitadas y consideradas por el órgano jurisdiccional de instancia, si bien con el matiz de que el pronunciamiento en sede casacional, en virtud del art. 90.4 LJCA, se podrá extender a otras normas que debió haber observado el juzgador de instancia en virtud del principio *iura novit curia*, cuando así lo exija la correcta resolución del debate trabado.

Al propio tiempo, la fundamentación jurídica del recurso debe ser muy precisa tanto en lo que respecta a la identificación del precepto o preceptos en los que se contienen las normas supuestamente infringidas, como en lo atinente a la doctrina jurisprudencial que se pretende hacer valer. No basta con la sola

---

119. Como dice la STS de 13 de junio de 2017 (RC 2687/2014), *«la congruencia exige del Tribunal que éste no solamente se pronuncie sobre las pretensiones, sino que requiere un análisis de los diversos motivos de impugnación y de las correlativas excepciones u oposición que se han planteado ante el órgano jurisdiccional».*

referencia al texto normativo extractado ni con la sola mención del precepto discutido o del título de la disposición de que se trate. Tampoco cumple el recurrente su carga impugnatoria con la mera cita de las sentencias por su sola fecha si al mismo tiempo no explica, siquiera sea brevemente, el supuesto de hecho que fue enjuiciado, su razón de decidir y su vinculación con el objeto del recurso que se prepara.

Mayores dificultades de interpretación comporta el segundo supuesto, que alude al apartamiento inmotivado por tratarse de «doctrina asentada». Quizá lo primero sea poner de manifiesto que en un mismo precepto se utilizan, parece que indistintamente, los términos «jurisprudencia existente» y «doctrina asentada», cuyas características acaso vienen a integrar distintas denominaciones de lo que también se conoce como jurisprudencia consolidada, jurisprudencia reiterada o doctrina jurisprudencial; conceptos que se definen así:

> *«conjunto de resoluciones judiciales susceptibles de adquirir fuerza normativa o, al menos, un fuerte valor persuasivo para los tribunales inferiores»* [120].

Por otra parte, parece claro que debe descartarse que con la expresión «doctrina asentada» se integre la premisa inicial de la que parte el art. 88.3.b) LJCA. Es decir, no es que revista interés casacional el apartamiento de la doctrina sentada sin otra acotación o matiz, porque si así fuera no tendría sentido que el precepto distinga entre el apartamiento por acción o deliberado y por omisión o inmotivado, en la terminología que utiliza la Ley jurisdiccional. Parece que la expresión se anuda al segundo inciso del precepto: apartarse de forma inmotivada de la doctrina asentada, esto es, inaplicarla. La técnica legislativa utilizada no es la mejor, pero desvincular la doctrina asentada del apartamiento inmotivado no tendría sentido, pues se utiliza la conjunción disyuntiva «o» por referencia a la jurisprudencia citada en el debate o a la doctrina asentada, no como una suerte de tercera posible categoría de apartamiento o desconocimiento de la misma.

Y, más aún, si lo que reviste interés casacional es que la resolución recurrida se aparte inmotivadamente de dicha doctrina asentada, el verdadero problema interpretativo que plantea el precepto es si acaso no resulta necesario en este caso que las partes la hayan invocado en el debate. Porque si se exige que así lo hayan hecho, tampoco tendría sentido que el precepto distinga entre ambas posibilidades. Interpretado en un sentido lato, apartarse por omisión o inaplicación de una doctrina jurisprudencial que no ha sido citada en el debate, es una opción que rebasa la actual configuración del recurso de casación y que se traduciría en el planteamiento de cuestiones nuevas, que están vedadas en sede casacional; entre otras cosas porque entonces no estaría en cuestión la razón de decidir de la resolución impugnada, sino otras apreciaciones jurídicas surgidas

---

120. SANTIAGO IGLESIAS (2021: 31).

en sede casacional y que excederían de la finalidad que le es propia de revisar la aplicación del Derecho efectuada por la resolución judicial de instancia.

Así pues, ¿cómo cohonestar el apartamiento de una «doctrina asentada» que signifique algo distinto al hecho de haber sido citada en el debate? De nuevo parece que la respuesta se encuentra en el art. 89.2.b) LJCA, que en el requisito de la identificación de las normas o de la jurisprudencia pretende guardar una línea de continuidad lógica con las normas suscitadas por las partes, en correspondencia con la finalidad esencial del recurso de casación y su contribución a la formación de la doctrina jurisprudencial. Aunque en este caso más que formar jurisprudencia se trataría de hacerla respetar en un caso concreto. El precepto mencionado no se refiere solamente a las normas y jurisprudencia que se consideran infringidas, justificando que fueron alegadas en el proceso o tomadas en consideración por el juzgador, sino también a la posibilidad de que el mismo *«hubiera debido observarlas aun sin ser alegadas»*. O sea, que también se pueden hacer valer aquellas normas o jurisprudencia (no parece justificado que deba excluirse esta última categoría a la vista del encabezamiento del precepto *«identificar con precisión las normas o la jurisprudencia»*) que debió haber observado el juzgador de instancia, no sólo aquellas que fueron examinadas o consideradas por el mismo.

Cuestión distinta es entender que se permita la indiscriminada invocación de normas o jurisprudencia no alegadas en la instancia o consideradas por la resolución recurrida. Las cuestiones nuevas son inviables en casación, pero no así:

> *«las alegaciones y consideraciones jurídicas desplegadas a modo de complemento argumental para sostener los mismos motivos de oposición ya esgrimidos en la instancia»*, siempre con *«el objetivo de sostener y reforzar jurídicamente la misma tesis que ha mantenido antes y ahora»* [121].

Con esta prevención, el alcance del art. 89.2.b) *in fine* LJCA, tal como se ha venido interpretando por la Sección de Admisión de la Sala Tercera, permite identificar como normas o jurisprudencia infringidas no sólo las tomadas en consideración por la Sala de instancia:

> *«sino también "las que ésta hubiera debido observar aun sin ser alegadas", supuestos que —como también dijimos en el citado auto de 21 de marzo de 2017— "comprenden sin dificultad las normas invocadas en la instancia o que debieran observarse y que el tribunal a quo infringe por inaplicación, bien por incongruencia omisiva o por inadecuada elección (incongruencia por error)"»* [122].

A título de hipótesis, podría concebirse desde la perspectiva del escrito de preparación que la resolución recurrida omita pronunciarse o inaplique una doc-

---

121.   ATS de 8 de junio de 2023, recurso de queja núm. 579/2022.
122.   ATS de 12 de febrero de 2018 (RC 5120/2017).

trina consolidada del Tribunal Supremo, en una interpretación más amplia del principio *iura novit curia* que supere el enfoque meramente normativo y que haga inexcusable aplicar esa doctrina. P. ej. porque se haya resuelto la cuestión litigiosa sin conocimiento de una doctrina asentada coetáneamente o, concluso el pleito, en trance de dictar sentencia[123], o bien porque se haya anulado una norma reglamentaria de cuya validez depende el pleito o que sirve de presupuesto normativo al acto de que se trate, o porque hubo un error en la aplicación de la doctrina jurisprudencial interpretativa del precepto en cuestión. Difícilmente podría entonces sostenerse que, pese a no haber sido alegada tal doctrina en el debate, no debió ser observada, pues se podría estar dejando firme una sentencia errónea, incluso de forma sobrevenida.

Desde este planteamiento, no se trata de que el recurrente invoque incongruencia, que por sí sola se ha dicho que carece de interés casacional, sino de que la inaplicación de una doctrina asentada, en la terminología del art. 88.3.b) LJCA, repercuta en la resolución del pleito hasta tal punto de que, en tal caso, el interés casacional prevalente no radique tanto en el examen de una pretensión determinada o una cuestión concreta planteada por la parte, cuanto en evitar que quede firme una resolución judicial que se opone a la doctrina jurisprudencial de la Sala.

El segundo inciso incorporado al art. 88.3.b) LJCA por el Real Decreto-ley 5/2023 permitiría, pues, entender que, si no explícitamente, podría considerarse que reviste interés casacional toda aquella inaplicación de la doctrina jurisprudencial, aplicación defectuosa, o sencillamente equivocada, de una línea jurisprudencial, que, sin constituir una cuestión nueva, esté vinculada al debate o conflicto intersubjetivo trabado en la instancia y exija extender sus efectos a lo resuelto.

Se trata de distintas posibilidades que expanden los angostos márgenes en los que se desenvolvía el precepto en su inicial redacción. No puede ignorarse que el mismo pretende dotar de una virtualidad expansiva a la protección de la jurisprudencia para evitar precisamente su deformación e irrelevancia, como se señalará a continuación.

---

123. P. ej., la STS de 3 de junio de 2020 (RC 3654/2017) sienta como doctrina jurisprudencial que *«no es inoportuno, en el trámite de conclusiones o en otro momento procesal incluso posterior, recordar al Tribunal sentenciador su propia doctrina dictada en casos semejantes o la existencia de sentencias anteriores que pueden afectar al enjuiciamiento del asunto»*.

Una propuesta de reforma legislativa: la reorientación de la infracción de la jurisprudencia como motivo de interés casacional

SUMARIO: 1. LA INFRACCIÓN DE JURISPRUDENCIA: ¿FUNDAMENTO DEL RECURSO O MOTIVO DE INTERÉS CASACIONAL?. 2. UNA MIRADA A LA REFORMA DE LA CASACIÓN CIVIL OPERADA POR EL RD-LEY 5/2023. 3. UNA PROPUESTA DE REFORMA DE LOS ARTÍCULOS 88.2.A) Y 88.3.B) DE LA LJCA.

1. LA INFRACCIÓN DE JURISPRUDENCIA: ¿FUNDAMENTO DEL RECURSO O MOTIVO DE INTERÉS CASACIONAL?

La reforma emprendida en 2015 persigue fijar jurisprudencia mediante una selección de los asuntos basada en el interés casacional. Dicho interés se aprecia a partir de las infracciones que la parte recurrente atribuya a la resolución recurrida en la aplicación o interpretación de una norma jurídica. La fase de admisión, por tanto, selecciona aquellos recursos que permitan contribuir a la unidad de doctrina en la aplicación e interpretación de la ley, excluyendo todos aquellos otros recursos en los que no esté presente ese presupuesto singular que delimita positivamente la casación.

Así pues, que un proceso pueda tener su continuidad ante el tribunal de casación no solamente se supedita al juicio favorable sobre la procedencia del recurso de casación contra las resoluciones judiciales y a la verificación del cumplimiento de todos los requisitos de carácter formal que la Ley procesal anuda a su admisión, sino que es precisa la existencia de una situación desfavorable generada por la resolución que se impugna, como presupuesto de la legitimación del actor.

Con ello se trata de conjugar el interés individual del actor en la reparación del perjuicio causado con el interés público que subyace en la necesidad de esclarecer un problema jurídico, y que justifica la renovación del proceso. Al recurrente se le atribuye una carga que excede del mero examen del perjuicio que una determinada interpretación o aplicación de una norma jurídica le haya podido causar, como podría ser, por ejemplo, la infracción de la jurisprudencia. Tiene que fundar el recurso en el interés público que reclama un pronunciamiento que trascienda el interés de la parte en que se aplique la jurisprudencia correcta. O sea, tiene que justificar objetivamente que tiene derecho al acierto en la resolución que se adopte.

Y, sin embargo, el tribunal de casación solamente puede examinar si concurren los errores jurídicos que se imputan a la resolución recurrida cuando ha superado la fase de admisión, que opera como un presupuesto sobre el enjuiciamiento de fondo de la cuestión debatida. Es por ello que la fundamentación del recurso deviene crucial para el éxito del mismo, pues el tribunal solamente podrá casar la sentencia o auto si estima alguna de las infracciones denunciadas. Es decir, si concurre interés casacional y es fundada la infracción que se aduce por el recurrente, la resolución habrá de ser anulada. Si concurre el interés, pero no la infracción delimitada en el recurso, el recurso será desestimado.

Por tanto, el recurrente ha de convencer al tribunal del interés casacional que presente el asunto, que sirve para admitir el recurso y ensanchar las posibilidades de conocimiento. La fundamentación jurídica del mismo será determinante de su estimación o desestimación. De ahí su relevancia práctica, al constituir una carga del recurrente atribuir a la resolución impugnada una o varias infracciones del ordenamiento jurídico que revistan interés casacional, que delimitarán el debate y que serán objeto de interpretación, sin perjuicio de que en la sentencia se puedan realizar otras consideraciones al interpretar las normas que resulten aplicables (arts. 90.4 y 93.1 LJCA).

Ante este panorama, y a la vista de la práctica del recurso de casación a lo largo de estos años, puede decirse que la infracción de jurisprudencia no constituye un motivo autónomo de interés casacional, sino un argumento de fondo del recurso supeditado a la apreciación de interés. A la espera de cómo se interprete la adición que incorpora en dicho precepto la reforma introducida por el Real Decreto-ley 5/2023, los estrictos márgenes en los que se desenvuelve el apartamiento de la jurisprudencia *ex* art. 88.3.b) LJCA y la escasa operatividad con la que se desenvuelven las circunstancias individualizadas en los arts. 88.2.a) y 88.3.a) LJCA, que en lo que atañe a la doctrina jurisprudencial admiten de manera más bien ocasional la posibilidad de reafirmar, reforzar o completar aquella doctrina, o, en su caso, de modificarla, ponen de manifiesto que el Tribunal Supremo no sólo ha de conformar la doctrina jurisprudencial, sino que es necesario defenderla, cumpliendo una doble función activa y pasiva como Tribunal de Justicia:

– *activa*, por la repercusión de sus sentencias en la actividad jurisdiccional de los restantes órganos, que ha de guiarlos en la interpretación y aplicación del Derecho aun sin desplegar una vinculación en términos absolutos para garantizar la independencia judicial y el dinamismo del ordenamiento jurídico, a la luz del art. 1.6 CC, y

– *pasiva*, contrarrestando aquellos pronunciamientos que vulneren su doctrina para garantizar la unidad misma de un ordenamiento jurídico complejo, integrado por distintos centros de producción normativa y en constante transformación.

Es cierto que para cumplir eficazmente su labor resultaría inútil, a la vista de los sucesivos intentos del legislador, todos ellos fracasados, pensar en que la casación es el bálsamo de Fierabrás, capaz de resolver por sí sola los problemas que aquejan este orden de jurisdicción. Articular un sistema coherente de justicia administrativa con el Tribunal Supremo en la cúspide, al amparo del art. 123 CE, exige remover los obstáculos que se presentan desde la base misma, replanteando el sistema de distribución de competencias objetivas entre sus órganos y el régimen de impugnación de sus resoluciones.

Es razonable que en el control jurisdiccional del ejercicio del poder público, en su más amplio espectro, se articulen al menos dos respuestas jurisdiccionales universalizando la apelación y reservando la casación para los asuntos más relevantes que contribuyan a generar una unidad jurisdiccional coherente, sin fisuras, aunque susceptible de adaptarse a los cambios normativos y a la realidad social. La casación no puede ser un último recurso ordinario, una segunda ni tercera instancia jurisdiccional. Ni tampoco ha de reconducirse a la mera formulación de construcciones jurisprudenciales novedosas y clarificadoras si al mismo tiempo no se preocupa de defenderlas.

El que el interés casacional que presente el recurso prevalezca sobre la realidad de una vulneración de la doctrina jurisprudencial establecida, no solo parece contradictorio con el reforzamiento del papel del Tribunal Supremo en el ordenamiento jurídico, sino con el concepto mismo de interés casacional «objetivo» en el que insiste el concepto jurídico acuñado en el orden contencioso y en otros órdenes jurisdiccionales. La acotación del interés casacional adquiere entonces un tinte subjetivo por razón del órgano que lo aprecia[124].

Por ello puede resultar conveniente examinar la reciente reforma de la casación civil y, para finalizar, formular una propuesta *de lege ferenda* sobre la casación contencioso-administrativa.

---

124. Como señala GONZÁLEZ GRANDA (2021, I: 13), a propósito de las últimas reformas de la casación civil y penal, *«bajo la hipervaloración del interés casacional en realidad se está potenciando un concepto jurídico indeterminado cuya acotación queda en manos del TS hasta un punto que resulta marcadamente subjetivo»*.

2. UNA MIRADA A LA REFORMA DE LA CASACIÓN CIVIL OPERADA POR EL RD-LEY 5/2023

La reforma de la casación civil[125], introducida también por el Real Decreto-ley 5/2023, que resulta de la traslación mimética de la reforma promovida por el caducado proyecto de ley de medidas de eficiencia procesal del servicio público de la justicia, recoge algunas novedades interesantes que, si no extrapolables sin más a la casación contencioso-administrativa, merecen una reflexión por su interés. Resulta pertinente recordar que la introducción de la casación en el orden contencioso-administrativo por la Ley 10/1992, de 30 de abril, de medidas urgentes de reforma procesal, sigue en lo esencial el modelo del recurso de casación civil[126], existiendo vasos comunicantes evidentes entre las casaciones de los distintos órganos jurisdiccionales, pero muy especialmente entre la civil y la contenciosa.

También sucede a la inversa. La reciente reforma de la casación civil recuerda por distintas razones a la emprendida en el ámbito de la casación contencioso-administrativa por la Ley Orgánica 7/2015. Así:

– la unificación de las modalidades del recurso de casación;

– la desaparición de la *summa gravaminis*;

– la visualización de los vicios procesales como motivo del recurso (incluyendo la denuncia previa en la instancia, de haber sido posible);

– el fortalecimiento del interés casacional como cauce único de acceso al recurso (salvo en el proceso de tutela judicial civil de derechos fundamentales susceptibles de recurso de amparo);

– la introducción del concepto de «interés casacional notorio»[127], que deberá apreciar la Sala Primera —o, en su defecto, las Salas de lo Civil y de lo Penal de los Tribunales Superiores de Justicia en su ámbito competencial— solamente cuando la resolución impugnada se haya dictado en un proceso en el que la cuestión litigiosa sea de interés general para la interpretación uniforme de la ley estatal o autonómica.

---

125. Entre los primeros trabajos destacables sobre la reforma de la casación civil, operada por el RD-ley 5/2023, pueden citarse los de BLANCO SARALEGUI, GARCÍA VICENTE y LÓPEZ GARCÍA.

126. *Vid.* CORDÓN MORENO (1994: 95 y ss.). Entre las innumerables obras dedicadas al recurso de casación civil ocupa un destacado lugar CALAMANDREI en su clásico trabajo titulado *La cassazione civile* de 1920.

127. El «interés general» se cifra en que la cuestión afecte potencial o efectivamente a un gran número de situaciones, bien en sí misma o por trascender del caso objeto del proceso, en clara referencia al art. 88.2.c) LJCA.

- la simplificación de la fase de admisión (a través de una providencia sucintamente motivada para los recursos inadmitidos y de un auto para los admitidos); y

- la instauración de formalidades en el escrito (denominado interposición), tales como la expresión del carácter relevante para el fallo de las infracciones denunciadas, siempre que hubieran sido invocadas oportunamente en el proceso o consideradas por la Audiencia Provincial, y la extensión máxima y otras condiciones extrínsecas de los escritos de interposición y de oposición de los recursos de casación.

Se mantienen los mismos supuestos de interés casacional prototípicos de la casación, como es el caso, entre los que recoge el art. 477.3 LEC, de la contradicción con la doctrina de la Sala Primera del Tribunal Supremo (*«se considerará que un recurso presenta interés casacional cuando la resolución recurrida se oponga a doctrina jurisprudencial del Tribunal Supremo»*). Sin duda, la formulación es mucho más simple, no tan artificiosa e intrincada como la presunción del art. 88.3.b) LJCA. No se supedita, como en la casación contenciosa, a la concurrencia de los requisitos de la contradicción jurisprudencial en cuestiones sustancialmente iguales, que el art. 88.2.a) LJCA configura como supuesto indiciario de interés casacional, sin asegurar la admisión, ni tampoco al carácter instrumental propio de la formación de jurisprudencia mediante un nuevo pronunciamiento que refuerce o complete el anterior, como se ha venido interpretando en virtud del art. 88.3.a) LJCA, siguiendo la estela del recurso de amparo constitucional.

Lo que resulta más interesante, según el art. 487.1 LEC, es la posibilidad de que cuando exista doctrina jurisprudencial sobre la cuestión planteada y la resolución judicial impugnada se oponga a dicha doctrina, el recurso pueda decidirse por auto, con el propósito de aligerar la carga de trabajo de la Sala de lo Civil del Tribunal Supremo:

> *«El recurso de casación se decidirá por sentencia, salvo que, habiendo ya doctrina jurisprudencial sobre la cuestión o·cuestiones planteadas, la resolución impugnada se oponga a dicha doctrina, en cuyo caso el recurso podrá decidirse mediante auto que, casando la resolución recurrida, devolverá el asunto al tribunal de su procedencia para que dicte nueva resolución de acuerdo con la doctrina jurisprudencial».*

En las exposiciones de motivos del proyecto de ley de medidas de eficiencia procesal del servicio público de la justicia y del Real Decreto-ley 5/2023 se efectúa un análisis de la situación que vive la casación civil que es casi idéntico al que aqueja a la casación contenciosa: que en los últimos años el porcentaje de recursos que se admite se sitúa aproximadamente en el 18-19% del total, lo que implica que la mayor parte de las energías del tribunal se dedican a un 81-82% de recursos que, por ser inadmisibles, impiden cumplir con la función constitucional del Tribunal Supremo. Se añade otro dato alarmante: la duración de la fase de admisión supera ya los dos años.

Y, en efecto, con escaso margen de diferencia, la fase de admisión de la casación contenciosa arroja unas cifras equiparables, con la diferencia de que las inadmisiones se han venido acordando en su gran mayoría por providencia notificada a las partes, que es la emulación procesal más importante del sistema civil de casación con respecto al modelo del orden contencioso-administrativo, más centrado en motivar la concurrencia de interés casacional pero que, a la vez, presenta unos altos porcentajes de recursos que presentan deficiencias y que son por ello inadmisibles, consumiendo una gran carga de trabajo.

Apreciada desde una perspectiva de conjunto, la reforma pone de manifiesto la tendencia a fortalecer el presupuesto del interés casacional al servicio de la función del Tribunal Supremo: la eficaz unificación en la interpretación jurídica de las normas que llevan a cabo los órganos judiciales con el propósito de servir a los principios de unidad y seguridad jurídica. Pero también una inclinación por el formalismo de un recurso extraordinario en el que el tribunal de casación tiene la última palabra sobre la admisibilidad de los recursos de casación, a salvo lo dispuesto en materia de garantías constitucionales (art. 123 CE).

En este sentido, el sistema casacional civil se inspira en la configuración de la casación contenciosa, tanto en lo que se refiere a esa vuelta decidida al rigor formal como al esquema básico de tramitación procesal, con la finalidad en este caso de dotar de celeridad a los tiempos de respuesta, sustituyendo el trámite de audiencia y el auto de inadmisión por las providencias sucintamente motivadas de inadmisión. Pero rápidamente se observa que los objetivos que perseguía la casación contenciosa, en términos similares a la casación civil, no han logrado dotar de una mayor eficiencia a la dinámica general del recurso, pues el número de asuntos ingresados en esta fase de admisión no ha dejado de crecer en los últimos años y los tiempos de respuesta también, por lo que cabe dudar de que la traslación de estos esquemas procedimentales sean exitosos en el orden civil de la jurisdicción.

Por otra parte, la reforma de la casación civil plantea distintos retos y cuestiones jurídicas de hondo calado que exceden del propósito de estas líneas, como es el caso de la naturaleza de la doctrina jurisprudencial de la Sala Primera como fuente del Derecho, su carácter vinculante para los restantes órganos jurisdiccionales o la transformación del principio *iura novit curia, que* a buen seguro merecerían un análisis más completo.

No se introduce el sistema de doble lista de supuestos de interés casacional, sino que se mantienen los tres supuestos habituales: que la resolución recurrida se oponga a la jurisprudencia de la Sala Primera, que resuelva una cuestión sobre la que no exista jurisprudencia[128] o que haya pronunciamientos contradictorios de las Audiencias Provinciales. El primero de ellos se plantea en términos incondicionados y responde a la función de defensa jurisprudencial. La inexistencia de jurisprudencia permite al tribunal de casación orientar la aplicación e interpretación del Derecho por los demás órganos jurisdiccionales. Y la resolución de los conflictos de interpretación entre los pronunciamientos de las Audiencias hace posible pacificar la instancia, contribuyendo al principio de seguridad jurídica.

De esas funciones que cumple el interés casacional es preciso prestar atención al mecanismo procesal del art. 487.1 LEC, anteriormente referido, porque es el máximo exponente de la función defensiva de la doctrina jurisprudencial. Detectada una resolución judicial que se oponga a dicha doctrina, bastará un auto para casar la resolución recurrida y devolver el asunto al tribunal *a quo* para que resuelva conforme a ella. Más allá del contenido mismo del auto, lo importante es la orientación de la reforma hacia una función esencial del tribunal de casación, como es la defensa de su doctrina, que no sólo mantiene entre los supuestos que revisten interés casacional (de modo imperativo, *«se considerará que un recurso presenta interés casacional cuando la resolución recurrida se oponga a doctrina jurisprudencial del Tribunal Supremo»),* sino que potencia mediante una especialidad del procedimiento en la fase de sentencia.

No es del todo claro que la corrección del criterio jurisprudencial aplicado para acomodarlo a la doctrina de la Sala Primera sirva al propósito de aligerar o acelerar los tiempos de respuesta. Al justiciable se le condena a un peregrinaje jurisdiccional. Después de haber obtenido la razón tendrá que esperar una nueva respuesta judicial del órgano que dictó la resolución recurrida. Posiblemente no cabía adoptar este reenvío en una fase anterior, sino únicamente después de casar la sentencia, pero es un claro exponente de la función revisora de la casación para garantizar la unidad en la interpretación y aplicación de las normas, al tiempo que la igualdad en la aplicación de la ley y el principio de seguridad jurídica. Y ello sin merma de la independencia judicial de los órganos que dictan la resolución recurrida, que no está escrito que no puedan apartarse de lo decidido por el tribunal de casación. Al contrario. Con su decisión confrontada a la doctrina jurisprudencial promueven un pronunciamiento del que eventualmente podrá derivarse un replanteamiento de la misma, en sintonía con el dinamismo que caracteriza el ordenamiento jurídico en algunos sectores.

3. UNA PROPUESTA DE REFORMA DE LOS ARTÍCULOS 88.2.A) Y 88.3.B) DE LA LJCA

Resulta interesante examinar la reforma de la casación civil a la luz de la regulación de la casación contencioso-administrativa para evidenciar la injusti-

---

128. Si bien en este punto se elimina el requisito temporal de que la norma no lleve más de cinco años en vigor.

ficada disparidad en aspectos esenciales que concurre en ellas. La sincronía que se aprecia en la configuración de un único recurso de casación —que no se hace depender del tipo o cuantía del proceso— y en las formalidades establecidas, o el hecho de que el recurso tenga como eje vertebrador el interés casacional de la interpretación de las normas jurídicas, no ha llevado al legislador a una unificación subsiguiente en los distintos órdenes jurisdiccionales. En particular, no parecen justificadas las diferencias cualitativas entre los sistemas casacionales civil y contencioso; al menos no en lo atinente a la defensa de la doctrina jurisprudencial. Sin necesidad de examinar ahora el alcance supletorio del Derecho civil en el ámbito del ordenamiento jurídico administrativo, no tiene mucho sentido que en la casación contenciosa se supedite la defensa jurisprudencial a los crípticos y confusos márgenes del art. 88.3.b) LJCA, mientras que en la casación civil sea suficiente con una oposición a la doctrina sin especificar si es por acción, omisión, por acción deliberada, por descuido, por considerarla defectuosa o errónea, etc. A ello se aludirá seguidamente para ofrecer una respuesta integradora.

La tendencia en el orden civil hacia la defensa jurisprudencial, que secundan otras Cortes Supremas europeas[129], merece ser acogida favorablemente porque sin una jurisprudencia que defender lo que está en peligro es la propia subsistencia del tribunal de casación, al que hay que dotar de la capacidad para corregir cualquier vulneración de la doctrina jurisprudencial que haya prefijado, ya sea en sus aspectos sustantivos o en sus aspectos procesales. Y ello sin perjuicio de evolución jurisprudencial que, en sintonía con el dinamismo del ordenamiento jurídico al que ha de estar atento y ser receptivo, se opone a cualquier sesgo de petrificación propio de un sistema de sujeción incontestable al precedente, que no es el caso de ninguna de las reformas emprendidas.

En atención a todo lo anterior, en la casación contencioso-administrativa la infracción de la jurisprudencia habría deseablemente de integrar de forma clara y mucho más simplificada los supuestos de interés casacional, no simplemente el juicio posterior, admitido el recurso, sobre la jurisprudencia aplicada al caso. Y para ello el legislador habría de perfilar con más nitidez y precisión los supuestos de interés casacional previstos en los arts. 88.2.a) y 88.3.b) LJCA.

Por lo que respecta al primero de ellos, habría de limitarse a la contradicción en la instancia entre órganos jurisdiccionales colegiados del orden contencioso-administrativo (Salas de los Tribunales Superiores de Justicia y Sala de la Audiencia Nacional) o eventualmente de otros órdenes jurisdiccionales que plantean problemas limítrofes, ya que incluir las sentencias del tribunal de casación en el art. 88.2.a) LJCA es contraproducente si al mismo tiempo el art. 88.3.b) LJCA pretende contrarrestar la vulneración de la jurisprudencia de ese tribunal.

---

129.   *Vid.* SANTIAGO IGLESIAS (2019: nota 48).

Del supuesto contenido en el art. 88.2.a) LJCA se excluirían también las sentencias de los Juzgados, cuyas resoluciones habrían de ser susceptibles de recurso en apelación, en ningún caso de casación, así como las sentencias de la propia Sala Tercera, puesto que las eventuales divergencias habrán de ser resueltas en aplicación del art. 264.1 de la LOPJ, en virtud del cual la diversidad de criterios interpretativos de la ley en asuntos sustancialmente iguales por distintas Secciones se puede reconducir a la unidad mediante la convocatoria de un Pleno de carácter jurisdiccional que conozca de uno o varios de dichos asuntos para unificar el criterio.

La reorientación de este precepto presupondría una remozada redacción de la casación autonómica, con la que se solapan torpemente los preceptos de la casación estatal, generando una enorme confusión.

En atención a ello, el art. 88.2, apartado a), de la LJCA podría quedar redactado en los siguientes términos:

> *«El tribunal de casación podrá apreciar que existe interés casacional objetivo, motivándolo expresamente en el auto de admisión, cuando, entre otras circunstancias, la resolución que se impugna:*
>
> *a) Fije, ante cuestiones sustancialmente iguales, una interpretación de las normas de Derecho estatal o de la Unión Europea en las que se fundamenta el fallo, contradictoria con la que hayan establecido la Sala de lo Contencioso-Administrativo de la Audiencia Nacional o las Salas de lo Contencioso-Administrativo de los Tribunales Superiores de Justicia».*

Y en cuanto al supuesto de interés casacional que, a modo de presunción *iuris et de iure*, viene a encarnar la infracción de jurisprudencia, no cabe duda de que el art. 88.3.b) LJCA debe simplificar su redacción, quedando despojada del doble componente subjetivo del apartamiento deliberado y por considerarla errónea que integra su primer inciso y de la redacción inconexa, eventualmente contradictoria, del segundo inciso, esto es, apartarse de forma inmotivada de la jurisprudencia existente pese a haber sido citada en el debate o ser doctrina asentada. Más allá de la confusión terminológica entre jurisprudencia y doctrina, habría bastado con decir que revisten interés casacional los recursos que se oponen a la doctrina jurisprudencial de la Sala. No hay que olvidar que el art. 89.2.b) LJCA exige que el escrito de preparación identifique las normas o *jurisprudencia* que se consideran infringidas, ya se hayan alegado en el proceso, ya hubieran sido tomadas en consideración por el órgano juzgador o, en fin, ya hubiera éste debido observarlas aun sin ser alegadas.

La cuestión de fondo es aquí el alcance que reviste el principio *iura novit curia* con respecto a la doctrina jurisprudencial. No cabe duda de que la doctrina jurisprudencial puede ser traída al debate por las partes y por el órgano jurisdiccional. Cuestión distinta es que deba hacerlo y cuál pueda ser la consecuencia de la omisión. Ciertamente carecería de sentido que se atribuya al tribunal de casación (estatal o autonómico) la función de formar jurisprudencia y que quede como una foto fija, sin penetrar su seguimiento en las instancias jurisdiccionales. El Derecho no puede ser insensible ante la marginación de esa doctrina por los demás órganos jurisdiccionales, ya se aparten reflexivamente de ella o de manera inmotivada inaplicándola. Si la resolución del debate trabado en la instancia alcanza unas conclusiones equivocadas desde la perspectiva de la doctrina jurisprudencial fijada por el tribunal de casación, parece claro que el sistema de recursos establecido no puede ser ajeno a la finalidad de reexaminar el pleito, bien sea para confirmarla, matizarla o rectificarla.

No es inoportuno que, en el trámite de conclusiones, o incluso posteriormente, las partes recuerden al órgano sentenciador la doctrina jurisprudencial asentada para que resuelva sobre la base de la misma, cuando es aplicable al asunto[130]. Y en algunos supuestos resulta aún más incontestable la vinculación a lo resuelto desde la perspectiva del principio de legalidad y la ordenación de las fuentes, sin que a ello obste el principio *iura novit curia*, pues la determinación de la norma aplicable es indisponible tanto para las partes como para el órgano judicial, como señala la STS de 23 de noviembre de 2022 (RC 7929/2021). Si se constata la nulidad de una norma reglamentaria y la consiguiente expulsión del ordenamiento jurídico (era el caso de un plan parcial), necesariamente debe tomar conocimiento de ello y aplicar las consecuencias procesales derivadas de esa desaparición del mundo jurídico de la norma que se proyecta sobre el convenio urbanístico impugnado (léase también de la declaración de nulidad de un plan general sobre los planes de desarrollo o sobre los actos de aplicación).

En cualquier caso, en los términos en los que está redactado el art. 88.3.b) LJCA, interpretados hasta ahora, como se ha dicho, de una forma restrictiva por la Sala Tercera, seguramente como mecanismo defensivo ante la práctica reincidente de los escritos preparatorios de invocar la presunción por sistema y sin el exigido rigor ni fundamento, no es que la doctrina jurisprudencial ya establecida comporte una rígida vinculación al precedente. Con el modelo actual de casación los órganos jurisdiccionales pueden apartarse de la misma y el tribunal de casación habrá de reconsiderar, en su caso, la interpretación dada al ordenamiento jurídico[131].

Obviamente no tendrán acceso a la casación los recursos interpuestos contra las resoluciones judiciales que se ajusten a la doctrina jurisprudencial del tri-

---

130. STS de 3 de junio de 2020 (RC 3654/2017).
131. *Vid.* BLASCO GASCÓ (2002: 121 y ss.), quien afirma que «*la eficacia vinculante o persuasiva no se entiende como un vínculo indisoluble o inalterable con un precedente sino como la facultad de separarse de la doctrina jurisprudencial por razón relevante y de manera expresa y motivada*». *Lo que impediría la evolución jurisprudencial —añade— «sería el sometimiento*

bunal de casación, pues el criterio determinante es la contradicción jurisprudencial, no la coincidencia jurisprudencial.

Sin duda, la deficiencia principal que propiciaba este precepto era marginar aquellos supuestos en los que sencillamente se omitía la aplicación de la jurisprudencia por mero desconocimiento o descuido del juzgador. En parte se ha remediado con el inciso introducido por el Real Decreto-ley 5/2023 —el apartamiento inmotivado, por contraposición tal vez a deliberado—, pero la previsión sigue siendo imprecisa, porque lo inmotivado admite distintos grados de intensidad y no equivale, en puridad, a la inaplicación de la doctrina ni a una suerte de incongruencia por silencio.

El supuesto individualizado en el art. 88.3.b) LJCA difiere notablemente de la casación civil, donde, como se ha visto, el interés casacional se sigue concretando en la mera oposición a la doctrina jurisprudencial del Tribunal Supremo (art. 477.3 de la LEC). La reforma introducida por el Real Decreto-ley 5/2023 lo cierto es que mantiene la redacción en este punto (reviste interés casacional la oposición a la doctrina jurisprudencial del Tribunal Supremo), sin exigir algo que en la práctica contencioso-administrativa sólo ha ocurrido en contadas ocasiones, como es que la oposición a la doctrina sea deliberada por considerarla errónea, lo cual sin duda admite muchos matices que reducen las posibilidades del justiciable de revisar eficazmente la resolución recurrida y que, sin embargo, de simplificarse, beneficiarían la labor jurisprudencial, consolidándola, cohonestándose con la función del Tribunal Supremo en el ordenamiento del Estado.

Por lo anterior, bastaría con que el art. 88.3.b) LJCA quedase redactado en estos o parecidos términos:

«*Se presumirá que existe interés casacional objetivo:*

b) Cuando dicha resolución se oponga a la jurisprudencia de la Sala Tercera del Tribunal Supremo».

Naturalmente, esta nueva reforma del articulado de la Ley Jurisdiccional implicaría otorgar a las sentencias de la Sala Tercera del Tribunal Supremo una eficacia que trasciende el valor meramente persuasivo y que se adentra en el terreno de la eficacia vinculante. Los órganos jurisdiccionales podrían apartarse

---

absoluto y necesario al precedente del Tribunal Supremo, mientras que aquí lo que se mantiene es precisamente la facultad de separarse de tal precedente, pero de manera razonada y motivada». Desde otro punto de vista, GÓMEZ-FERRER RINCÓN (2007: 636) considera que «*la concepción del interés casacional como un instrumento destinado a la consecución de una jurisprudencia uniforme supone un obstáculo a la evolución de la jurisprudencia. Y ello porque dicha evolución se hace depender esencialmente de la iniciativa de los órganos judiciales inferiores que consideren que la jurisprudencia del Tribunal Supremo es errónea y se aparten de ella*».

de ella, pero no en un sentido absoluto[132], sino, en la interpretación que aquí se defiende, relativo[133]. Y ello en un doble sentido:

1) Con carácter general estarían obligados a seguir el criterio jurisprudencial del Tribunal Supremo en aras de garantizar los principios constitucionales de igualdad, seguridad jurídica, interdicción de la arbitrariedad, tutela judicial e imparcialidad, considerando el valor de la jurisprudencia en el ordenamiento jurídico, la posición constitucional del Alto Tribunal y la necesaria unificación de criterio jurisprudencial inherente al Derecho del Estado, *ex* arts. 123 y 154 CE, integrado por distintas instancias jurisdiccionales que operan sobre la base del territorio y de subsistemas normativos que forman parte de un todo unitario y complejo.

2) Y al mismo tiempo, en razón del principio de independencia judicial (art. 117.1 CE), los órganos jurisdiccionales habrían de seguir el criterio del supremo intérprete en los subsistemas normativos estatal o autonómico, esto es, del Tribunal Supremo o del Tribunal Superior de Justicia, al integrar la norma jurídica misma aplicable al caso y complementar el ordenamiento jurídico sus resoluciones (art. 1.6 CC), si bien han de motivar su decisión si quieren desmarcarse de la doctrina existente, de forma que se justifique que el supuesto de hecho no es idéntico al resuelto o que las condiciones de aplicación de la norma, la realidad social del tiempo al que ha de aplicarse o el presupuesto normativo mismo difieren.

En cualquier caso, ha de instaurarse un mecanismo procesal que garantice el cumplimiento de la jurisprudencia, sin necesidad de apelar, como establece el art. 88.3.b) LJCA, a que el apartamiento revista ese doble componente del carácter deliberado y por considerar errónea la jurisprudencia existente, tan inusual en la práctica cotidiana y ajeno al hacer del juzgador, que con su razonamiento, lejos de buscar la confrontación, prefiere encontrar unas reglas aplicativas claras, concebidas desde la máxima instancia judicial para sentar precedente autoaplicativo.

Ese mecanismo bien pasaría, por todo ello, por instaurar un motivo de interés casacional basado en la infracción de la jurisprudencia.

---

132. *Vid.* SANTIAGO IGLESIAS (2019: 191) y (2021: 77 y ss.). La autora defiende la eficacia vinculante en términos absolutos de la jurisprudencia, como venía sucediendo con la casación en interés de la ley, postulando una reforma constitucional o, al menos, de la Ley Orgánica del Poder Judicial.
133. VELASCO CABALLERO (2017: 175) entiende que la jurisprudencia ha de ser moderadamente vinculante, de forma que el órgano judicial puede apartarse de ella, en virtud de lo dispuesto en el art. 117 CE, siempre que lo motive y así lo reclame la aplicación de la ley al caso concreto.

La jurisprudencia no es monolítica y el cuestionamiento mismo que supone el recurso de casación por infracción la jurisprudencia introduce la dosis necesaria para que el ordenamiento no se petrifique y evolucione con los tiempos, como la realidad viva y dinámica que es. El Tribunal Supremo tendría entonces la posibilidad de confirmar su jurisprudencia o de apartarse de su precedente, considerando que existe un nuevo contexto normativo que así lo requiere, una nueva doctrina constitucional o simplemente que se ha replanteado la decisión y que existe otra más acertada, como p. ej. sucedió en su día, significativamente, con la naturaleza jurídica de las relaciones de puestos de trabajo en la STS de 5 de febrero de 2014 (RC 2986/2012), de la que fue ponente Vicente CONDE.

En esta línea, el Tribunal Supremo desarrollaría dos funciones esenciales: garantizar la eficacia (moderada o relativamente) vinculante de su propia jurisprudencia mediante el recurso de casación por causa de la infracción jurisprudencial, y la formación de jurisprudencia característica de la casación actual. La infracción de la jurisprudencia constituiría así de manera universal un motivo reglado en la admisión del recurso, pues no de otra manera puede garantizarse el respeto de los principios de igualdad en la aplicación de la ley y de confianza legítima. Pero al mismo tiempo la casación mantendría su función de formar doctrina jurisprudencial allí donde sea preciso: esencialmente porque no se haya interpretado un precepto cuyo esclarecimiento se estime conveniente, o porque exista contradicción entre los órganos jurisdiccionales de instancia.

Contra lo que pudiera parecer, esta función elemental del tribunal de casación no habría de colapsar su funcionamiento cotidiano, porque, a diferencia de la casación anterior, la admisión a trámite no sería automática por el hecho de apelar al motivo de infracción de jurisprudencia y cumplir los requisitos formales del escrito preparatorio. Quizá habría de arbitrarse un cauce de recurso que, en paralelo con la reforma de la casación civil (art. 487.1 LEC) que se ha referenciado, no necesariamente idéntico por las reservas que se han expresado anteriormente, permitiera a la Sala Tercera examinar si la resolución judicial impugnada se opone o no a su jurisprudencia.

Cabrían entonces varias posibilidades; a saber,

1.ª) que no se oponga y se inadmita el recurso si al mismo tiempo no se aprecia alguna otra cuestión que revista interés casacional;

2.ª) que se oponga, es decir, que concurra la vulneración de la jurisprudencia existente y que se anule la resolución recurrida y se devuelva al órgano jurisdiccional de instancia para que dicte una nueva resolución que concuerde con la doctrina jurisprudencial aplicable; y

3.ª) que con ocasión de la alegación del motivo de infracción de la jurisprudencia se considere que reviste interés casacional examinar el recurso con la finalidad de matizarla, abrogarla por un cambio de circunstancias o anularla y sustituirla por otra. Este último caso sería más bien excepcional y el interés casacional se apreciaría únicamente cuando razonablemente exista la posibilidad de modificar la jurisprudencia, pero sin necesidad de devolver el asunto al órgano jurisdiccional de procedencia[134].

Las dos primeras posibilidades esbozadas harían de la admisión un trámite esencialmente reglado, toda vez que bastaría con comprobar qué doctrina jurisprudencial se ha infringido, que la infracción que se alega sea real y no resulte de una simple divergencia de criterio en relación con los hechos, y que la infracción jurisprudencial se inscriba en la *ratio decidendi* cuestionada en casación, a semejanza de la interpretación que ha venido manteniendo la Sala Primera en relación con este motivo[135].

Mayores dificultades encontraría, desde la perspectiva de la necesidad de una respuesta judicial rápida, la devolución generalizada al órgano de instancia cuando se aprecie infracción de la jurisprudencia, porque tal vez si la cuestión se contrajese a términos eminentemente jurídicos podría ser resuelta por el tribunal de casación sin necesidad de emprender un peregrinaje procesal como el proyectado en la reforma de la casación civil.

En la tercera posibilidad se mantendría un poder discrecional de la Sala Tercera encaminado a admitir aquellos recursos de casación que ponen de manifiesto que sí hay jurisprudencia, pero en relación con los cuales *la parte recurrente justifique debidamente la necesidad de modificar la jurisprudencia en relación con el problema jurídico planteado porque haya evolucionado la realidad social o la común opinión de la comunidad jurídica sobre una determinada materia*[136].

A la vista de ello, en definitiva, el interés casacional no estaría encaminado únicamente a la formación de jurisprudencia, sino también a defenderla. En la actualidad, las presunciones cualificadas de interés casacional de los apartados

---

134. Precisamente en el ámbito de la casación civil el Acuerdo de la Sala Primera de 30 de diciembre de 2011 (JUR 2012, 2657), relativo a los *«criterios de admisión de los recursos de casación y extraordinario por infracción procesal»*, añadió un nuevo motivo de casación a los previstos en el art. 477.3 LEC, calificándolo de excepcional y precisando que *«el recurso no será admisible cuando la Sala Primera del Tribunal Supremo no aprecie la posibilidad razonable de que deba ser modificada la jurisprudencia»*. También en este caso se pretendería formar jurisprudencia cuando merezca ser revisada la ya existente y se aprecie que otros órganos jurisdiccionales, si bien no se oponen a la jurisprudencia existente, sin embargo, en su quehacer cotidiano dan lugar a pronunciamientos que en sede de revisión casacional permiten que la jurisprudencia evolucione y se replantee.

135. *Vid.* VELASCO CABALLERO (2017: 146-148), quien a este respecto cita el Acuerdo de la Sala Primera mencionado en la nota anterior, así como distintos pronunciamientos representativos.

136. *Vid.* el Acuerdo de la Sala Primera del Tribunal Supremo, de 30 de diciembre de 2011, *«sobre criterios de admisión de los recursos de casación y extraordinario por infracción procesal»*.

b) y c) del art. 88.3 LJCA es claro que no pretenden, como fin primordial desde luego, contribuir a formar jurisprudencia, sino predisponer una sentencia del Tribunal Supremo en supuestos que se consideran especialmente graves o relevantes, como la infracción deliberada de la jurisprudencia o la anulación de una disposición reglamentaria con suficiente trascendencia.

Y si bien las sentencias del Tribunal Supremo concitan el interés de la doctrina de los demás órganos jurisdiccionales que han de aplicarla, no es de esperar un cumplimiento espontáneo, una adhesión incondicional, porque en un ordenamiento fragmentado y complejo como el nuestro, en el que se proyectan otras tantas normas y la interpretación que de las mismas realizan el TC, el TJUE o el TEDH, con multiplicidad de órganos jurisdiccionales que entran en conflicto en sus resoluciones cotidianamente, no es infrecuente que aquellas sentencias del Alto Tribunal, dotadas de una eficacia vinculante no proclamada expresamente pero incardinable en distintos preceptos constitucionales (1.1, 9.3, 14, 24, 117.4 y 123) y legales (1.6 CC, 70.2 y 88 LJCA), puedan ser ignoradas, inaplicadas u orilladas en un caso determinado. Por más que se encuentren en la lógica del Derecho procesal administrativo la revisión y la eventual anulación por el órgano jurisdiccional superior de las decisiones del órgano inferior, razonando que no se ha seguido su doctrina, es imperfecta actualmente la revisión en sede casacional de los pronunciamientos de otros órganos que la desconocen.

LÓPEZ MENUDO se preguntaba si acaso no sería conveniente un sistema mixto en el que, junto con el recurso ya implantado, se introdujera:

> *«una variante encaminada a satisfacer el ius litigatoris (…) para acoger supuestos en los que la justicia del caso fuera manifiestamente digna per se de preeminente atención»* [137].

Y es que tan relevante como formar o fijar la jurisprudencia como finalidad esencial del interés casacional es el aseguramiento de la ya existente, porque, como ha explicado Francisco VELASCO CABALLERO:

> *«el objetivo final de que en el sistema jurídico administrativo haya criterios judiciales ciertos sobre la aplicación de las normas (jurisprudencia) quedaría esterilizado si, en caso de desviación (…) la rebelión quedara sin corrección. Si así fuera, el carácter vinculante de la jurisprudencia del Tribunal Supremo (art. 1.6 CC) e incluso la propia utilidad real del recurso de casación quedarían en entredicho. Para que la jurisprudencia sea tal es necesario que quien forma jurisprudencia disponga también de vías de reacción, cuando sus criterios interpretativos de las normas no son seguidos»* [138].

No sólo se trata, pues, de fijar la interpretación de las normas, sino de asegurarse de velar por el respeto de la doctrina asentada (especialmente por los

---

137. *Vid.* LÓPEZ MENUDO (2018: 17).
138. *Vid.* VELASCO CABALLERO (2017: 177).

restantes órganos jurisdiccionales y por los órganos de la Administración Pública). Aunque de esta segunda función no resulte ningún criterio de interpretación de las normas novedoso, su antítesis —evitar que dicha jurisprudencia se *deforme*— tiene tanta o más relevancia en un sistema jurídico en el que se proclama la seguridad jurídica, la igualdad y la unidad como principios esenciales del Estado de Derecho.

Y aunque del juego conjunto de los arts. 88.1 y 93.1 LJCA parece desprenderse que la formación de jurisprudencia permite otorgar cierta eficacia vinculante a las sentencias, que fijan un criterio interpretativo en el que se basarán los órganos jurisdiccionales en lo sucesivo, ninguna norma y ni siquiera la sentencia del Tribunal Supremo que resuelva el recurso atribuyen una eficacia vinculante especial equiparable al ya desaparecido recurso de casación en interés de la ley[139]. No de otro modo se entiende que la Sección de admisión inadmita recursos por el hecho de que ya exista jurisprudencia. Si viniera obligada a revisar la resolución judicial que se oponga a ella, por exigirlo así la Ley jurisdiccional, entonces podría hablarse de una eficacia vinculante reforzada o absoluta, pero, no siendo este el caso, la articulación técnica del recurso de casación se sigue basando en el ejercicio de una pretensión formulada al amparo de la posible infracción normativa o de jurisprudencia que puede dar lugar (o no) a un pronunciamiento de admisión que a la postre permita corregir esa desviación.

Esta preocupación por la defensa de la jurisprudencia es compartida por autores consagrados de la disciplina. Recientemente, se ha publicado el núm. 220 de la *Revista de Administración Pública* y dos aportaciones saltan a la vista y permiten reforzar con criterios de autoridad académica las reflexiones que aquí se han esbozado.

Así, Juan SANTAMARÍA PASTOR[140] otorga una importancia capital en sus reflexiones sobre la estructura y funcionamiento de la jurisdicción contencioso-administrativa al *«aseguramiento de la efectiva aplicación y respeto de la doctrina jurisprudencial por todos los restantes jueces y tribunales»*. Antes de la reforma el antiguo art. 100.7 LJCA permitía entender que, en virtud del principio de independencia judicial, en las modalidades de casación ordinaria y en unificación de doctrina las sentencias del Tribunal Supremo no vinculaban a los demás órganos jurisdiccionales, de manera que se confiaba al sistema de recursos la resolución de esas divergencias en la aplicación de las leyes. Y con el actual art. 88.3.b) LJCA sucede algo similar. El resultado es que *«la mera inobservancia de la doctrina jurisprudencial no habilita, por sí sola, a revisar la sentencia ni crea ninguna presunción de interés casacional»*.

---

139. *Ibidem* señala a este propósito que *«una cosa es declarar expresamente cuál es la interpretación debida para un precepto y otra, bien distinta, dotar a esa declaración de una especial fuerza vinculante o normativa»*.
140. *Vid.* SANTAMARÍA PASTOR (2023: 71-72).

Y concluye señalando que:

«no es suficiente ni admisible confiar al simple sistema de recursos la corrección de las desviaciones de los jueces y tribunales, porque ello impone a los ciudadanos costes, demoras y posibilidad de sanciones; si hay una jurisprudencia clara, reconocible y accesible, lo que se quiere es que todos los órganos judiciales la apliquen; y no solo para evitar que sus decisiones sean revocadas en vía de recurso, sino como una obligación jurídica cuyo incumplimiento genere algún tipo de reproche efectivo.

El principio de independencia judicial debe amparar, desde luego, la posibilidad de que un juez o tribunal entienda errónea la doctrina sentada en la jurisprudencia del Tribunal Supremo; pero ello solo debiera poder hacerse, lícitamente, de manera franca y abierta, en la forma que hoy establece el art. 88.3.b de la ley ("deliberadamente"), no mediante la omisión ni menos aún por desconocimiento».

Y en su condición de relator en el Seminario celebrado el pasado 2 de febrero por profesores de Derecho Administrativo y magistrados de la Sala Tercera del Tribunal Supremo, Tomás Ramón FERNÁNDEZ[141] señala que:

«llegan a casación muchos asuntos que no tenían por qué llegar y, en cambio, se cierra el paso a todos aquellos sobre los que ya existe una jurisprudencia». «(…) Sobre estas materias y otras muchas la ley vigente echa el cerrojo, lo que de facto hace inviable la renovación, muchas veces necesaria, del acervo jurisprudencial».

E introduce una reflexión muy atinada cuando concluye que la jurisprudencia queda privada:

«de todo su posible valor desde el momento en que el recurso en cuestión se abre solamente ante los supuestos de apartamiento deliberado por el tribunal inferior de la jurisprudencia con tanto esfuerzo —y tanto sacrificio de la justicia y de los derechos de los ciudadanos— formada. Los tribunales inferiores pueden campar por sus respetos libremente. Lo que ellos digan, aunque sea contrario a la jurisprudencia del Tribunal Supremo, irá a misa sin remedio. Y, por si esto fuera poco, no se olvide que esto se produce con un sistema que hoy es, básicamente, de única instancia».

También en esta línea se ha pronunciado el ex magistrado de la Sala Tercera, Joaquín HUELIN[142], justificando interés casacional cuando se produce una:

«inaplicación pura y simple, pues si se justifica la intervención del Tribunal Supremo con la finalidad de crear criterios jurisprudenciales uniformes para que todos los operadores jurídicos los apliquen, con mayor razón su concurso resulta imprescindible, desde las exigencias inherentes al principio de seguridad jurídica, cuando esos criterios no son seguidos, bien para corregirlos, bien para defenderlos y reafirmarlos».

«(…) de nada serviría arbitrar un cauce procesal específico ante el más alto órgano jurisdiccional ordinario para que señale la exégesis correcta de las normas jurídicas

---

141. *Vid.* FERNÁNDEZ RODRÍGUEZ (2023: 78-79).
142. *Vid.* HUELIN (2023).

> *si las demás instancias encargadas de aplicarlas fueran libres de considerarla, sin necesidad de justificar su preterición, o si su soslayo consciente y voluntario careciera de consecuencias jurídicas y el sistema no ofreciera cauce para remediar la situación».*

> *«(…) con mayor frecuencia de la que resultaría recomendable, los tribunales de instancia se separan voluntaria y conscientemente de la jurisprudencia del Tribunal Supremo que ha sido invocada y debidamente identificada por las partes en el proceso, sin justificar ese abandono en su consideración como errónea. Sencillamente, la inaplican»,* y que *«lo que no cabe es que, ante esas situaciones, el Tribunal Supremo mire hacia otro lado y considere que nada tiene que decir cuando su jurisprudencia es consciente y voluntariamente ignorada por los tribunales de instancia. Tal vez, a la Sección Primera de la Sala Tercera del Tribunal Supremo le parezca irrelevante que su jurisprudencia sea soslayada e, incluso, burlada, pero, si es así, debe motivarlo y explicar sus razones. Lo que no cabe, a mi juicio, es que, como ha ocurrido en alguna ocasión, la Sección de admisión niegue interés casacional objetivo para la formación de la jurisprudencia cuando ha sido preterida con la afirmación de que ya existe jurisprudencia. Conclusión tautológica que desconoce que el presupuesto de la pretensión casacional es, precisamente, la existencia de jurisprudencia que es ignorada consciente y voluntariamente por la Sala de instancia».*

Concluye señalando lo siguiente:

> *«(…) si el Tribunal Supremo se niega a defender su jurisprudencia, no sólo pone en entredicho la razón de ser del recurso de casación sino que, en algunos casos, podría estar dando cobertura a una vulneración del derecho a la tutela judicial efectiva en la medida en que la inaplicación de su jurisprudencia conlleve una injustificada e inmotivada alteración del sistema de fuentes vigente y pertinente para resolver el litigio».*

A la vista de estos argumentos de autoridad bien merece una atención preferente la crítica centrada en la reforma del recurso de casación y la eventualidad de una posible modificación *de lege ferenda que* simplifique los términos del art. 88.3.b) LJCA y los dote de una mayor eficacia como motivo de infracción de la jurisprudencia. La selección de asuntos, incluso con una elevada discrecionalidad, no es en sí misma perniciosa para el sistema, pero sí lo es que de esa selección queden excluidos aquellos asuntos, cargados de razones, en los que sea patente la equivocación de la sentencia en cuanto a la cuestión de fondo, y, por qué no, en los que se produzca una arbitraria valoración de la prueba, una falta palmaria de motivación o un vicio de incongruencia en cualesquiera de sus grados o expresiones.

VIII.

Conclusiones

La preocupación por fijar doctrina jurisprudencial ha sido la principal motivación de la reforma emprendida por la Ley Orgánica 7/2015, de 21 de julio, convirtiendo el interés casacional en el presupuesto procesal, discrecionalmente apreciado por lo general, para su consecución. Para ello se ha orientado al Tribunal y a los justiciables mediante un listado heterogéneo de supuestos de interés entre los que no figura la infracción de jurisprudencia.

En el año 2017, coincidiendo con el primer aniversario de la entrada en vigor de la nueva casación, tuve oportunidad de publicar un artículo en la *Revista de Administración Pública* en el que explicaba lo siguiente[143]:

> «*En defecto de una jurisprudencia de eficacia vinculante, que no constituye el propósito de la reforma, no parece suficiente fiar el sistema a su aceptación y aplicación espontánea. El problema no tiene fácil solución porque la jurisprudencia debe evolucionar y adaptarse a los cambios normativos, no anquilosarse ni mucho menos petrificarse, como sucedería en un sistema de sometimiento absoluto al precedente. Al mismo tiempo, esa evolución dependerá de los errores de interpretación jurídica que pongan de manifiesto las resoluciones de los órganos judiciales inferiores, si es que oportunamente pueden ser corregidos por el Tribunal Supremo. Mas, salvo apartamiento deliberado de su doctrina, no podrá hacer cosa distinta que confirmarla e inadmitir el recurso por carecer de interés casacional, o bien introducir alguna clase de matiz, precisión o concreción respecto de la ya existente*».

En efecto, a la Sala Tercera no le ha quedado otra opción para corregir las resoluciones judiciales que se oponen a su doctrina que acudir a los estrictos términos legales del art. 88.3.b) LJCA, ante un apartamiento deliberado, o introducir algún matiz o precisión en la jurisprudencia ya existente, como ha venido sucediendo de la mano en unos casos del art. 88.3.a) LJCA y en otros del art. 88.2.a) LJCA. Pero el sistema casacional bosquejado por el legislador no ha fun-

---

143. Excuso la autocita, si bien reviste interés a los efectos pretendidos en esta monografía, porque ha sucedido exactamente así como anunciaba en el artículo al que me refiero, titulado «El nuevo recurso de casación contencioso-administrativo: primeras resoluciones, balance y perspectivas», *Revista de Administración Pública*, 204 (2017), pág. 200.

cionado eficazmente para que las sentencias que con tanto esmero se dictan por la Sala penetren en las distintas instancias sin posibilidad de sean contrariadas o inaplicadas.

Muchas veces se ha centrado la novedad de la casación en el interés casacional y en el mayor o menor grado de discrecionalidad aplicado, contrastando la casación con el recurso de amparo constitucional para entrever cuál podría ser su evolución futura o cuáles habrían de ser las exigencias de motivación de las providencias de inadmisión, pero apenas se ha prestado atención a la justicia material del caso.

Es más, se ha atendido a la perentoriedad de encontrar respuestas judiciales en ámbitos poco o nada transitados en la casación anterior, tales como tributos, función pública o contratación. Y, por el contrario, han quedado marginadas de la casación aquellas materias (expropiación y urbanismo) que cuentan con un régimen mucho más sólido de criterios jurisprudenciales, larvado silenciosamente durante décadas. Algunas materias han sido premiadas y otras condenadas al ostracismo. Y, en estas circunstancias, la imperfecta redacción de la Ley Jurisdiccional en la delimitación de la infracción de la jurisprudencia como motivo del recurso de casación, que no como supuesto de interés casacional, ha alejado a la casación contenciosa de la casación civil que le sirvió de inspiración en 1992, cuando se creó a su imagen y semejanza.

Por eso constituye una verdadera necesidad reorientar la casación contencioso-administrativa e introducir como motivo de interés casacional la infracción de jurisprudencia en los términos expuestos, como se viene recogiendo en la casación civil. Ello obligaría a introducir distintos ajustes en la LJCA. Más que fiar primordial o exclusivamente el interés casacional a la formación de jurisprudencia, el otro elemento teleológico que de manera inmarcesible debe impregnar un recurso de revisión jurisdiccional extraordinario, como es la casación en el orden contencioso, es la defensa de la jurisprudencia. Aunque de ello no resulte ninguna sentencia novedosa, el Tribunal Supremo debe dotar de certidumbre y eficacia a sus propias resoluciones; máxime en un ordenamiento como el jurídico-administrativo, caracterizado por su dinamismo, complejidad y variabilidad, en el que el control jurisdiccional de las decisiones más importantes, cuantitativa y cualitativamente —que en muchos casos siguen enquistadas con una alta litigiosidad— se atribuye a órganos colegiados que resuelven en única instancia.

Aun cuando se generalizara la segunda instancia y los posibles errores jurídicos en la aplicación de los criterios interpretativos de las leyes fuesen reconducidos a través del recurso de apelación por las Salas territoriales o de la Audiencia Nacional, es necesario que el criterio establecido por el supremo órgano de la jurisdicción impregne las distintas instancias. Y ello puede suceder desde el momento mismo en el que se fija y da a conocer la doctrina jurisprudencial, pero también cuando se produce una corrección del criterio aplicado por otro órgano. Lo que no soportaría la crítica jurídica es que se pueda fijar doctrina si al mismo tiempo no se evita que la misma se deforme.

Bien haría el legislador en reorientar la casación contencioso-administrativa para poder devolverla a la senda de su característica función en el ordenamiento jurídico, tanto desde la perspectiva del sistema de fuentes del que forma parte la jurisprudencia como de la efectividad del derecho a la tutela judicial, tan necesaria cuanto mayor es el intervencionismo del Gobierno y de las Administraciones Públicas en la esfera de los derechos de los ciudadanos y más frágil se muestra el control jurisdiccional, que para responder a los retos de nuestro tiempo precisa sin falta de más medios y de una reestructuración completa, encaminada al replanteamiento de la distribución de las competencias objetivas entre los órganos jurisdiccionales y del sistema de recursos en su conjunto.

Bibliografía

AHUMADA RUIZ, M.ª Á., «El "certiorari". Ejercicio discrecional de la jurisdicción de apelación por el Tribunal Supremo de los Estados Unidos», *Revista Española de Derecho Constitucional*, 41 (1994).

ALONSO MAS, M.ª J., «Recurso de casación en el orden contencioso-administrativo y Derecho autonómico», *Revista de Administración Pública*, 190 (2013).

ARAGÓN REYES, M., *Uso y abuso del decreto-ley*, Iustel, Madrid, 2016.

ARANA GARCÍA, E., «Uso y abuso del decreto-ley», *Revista de Administración Pública*, 191 (2013).

BAÑO LEÓN, J. M.ª, «La retroacción de actuaciones: ¿denegación de justicia o garantía del justiciable», en E. García de Enterría y R. Alonso García (coord.), *Administración y justicia: un análisis jurisprudencial: liber amicorum Tomás-Ramón Fernández*, vol. I, Civitas Thomson Reuters, Madrid, 2012.

BELTRÁN DE FELIPE, M., «La doble instancia en la impugnación jurisdiccional de las sanciones administrativas: una mirada oblicua a la sentencia del TEDH Saquetti c. España», *Revista General de Derecho Constitucional*, 35 (2021).

BETANCOR RODRÍGUEZ, A., *La revisión casacional de la prueba en el contencioso-administrativo*, Thomson Reuters, Madrid, 2012.

BLANCO SARALEGUI, J. M.ª, «Urgencias» en la reforma de la nueva casación civil, *Diario La Ley*, núm. 10.328 (2023).

BLASCO GASCÓ, F. D., *El interés casacional. Infracción o inexistencia de doctrina jurisprudencial en el recurso de casación*, Aranzadi, Pamplona, 2002.

BORRAJO INIESTA, I., DÍEZ-PICAZO GIMÉNEZ, I. y FERNÁNDEZ FARRERES, G., *El derecho a la tutela judicial y el recurso de amparo. Una reflexión sobre la jurisprudencia constitucional*, Civitas, Madrid, 1995.

BOUAZZA ARIÑO, O., *El recurso de casación contencioso-administrativo común*, Thomson Reuters Civitas, Madrid, 2013.

CALAMANDREI, P., *La cassazione civile*, Storia e legislazione, vol. I, Turín, 1920, también publicado en Argentina: *La casación civil*, 3 vols., Buenos Aires, 1945.

CANCER MINCHOT, P., «Comentario crítico del recurso de casación contencioso-administrativo», *Estudios en homenaje al profesor Luis María Cazorla Prieto* / coord. por Pablo Chico de la Cámara, José Luis Peña Alonso, Alejandro Blázquez Lidoy, Alberto Palomar Olmeda; Luis Cazorla González-Serrano (dir.), vol. II, Aranzadi, Pamplona, 2021.

CANO CAMPOS, T., «Revisión de las sanciones por un tribunal superior, casación y doble instancia en el contencioso-administrativo», *El Cronista del Estado Social y Democrático de Derecho*, 99 (2022).

CARO HERRERO, G.: «El modelo de casación contencioso-administrativo: análisis sobre su utilidad e idoneidad como garantía de reexamen en los procedimientos de naturaleza sancionadora», *Revista General de Derecho Procesal*, 59 (2023).

– «El problema del derecho de reexamen en el orden contencioso-administrativo: Análisis de los casos Saquetti Iglesias C. España y Flensburg», *Revista Española de Derecho Administrativo*, 221 (2022).

CASADO CASADO, L., *Los recursos en el proceso contencioso-administrativo: restricciones y limitaciones,* Tirant lo Blanch, Valencia, 2019.

CAZORLA PRIETO, L. M.ª y CANCIO FERNÁNDEZ, R. C. (coordinadores), *Estudios sobre el nuevo recurso de casación contencioso-administrativo*, Aranzadi, Pamplona, 2017.

COBREROS MENDAZONA, E., «El doble grado de jurisdicción para las sanciones administrativas graves, una imperiosa exigencia convencional y constitucional», *Revista Vasca de Administración Pública*, 118 (2020).

CORDÓN MORENO, F., «Algunas cuestiones sobre el recurso de casación en el proceso administrativo», en VV.AA., *El recurso de casación*, Consejo General del Poder Judicial y Generalidad de Cataluña, Barcelona, 1994.

DE LA PLAZA NAVARRO, M., *La casación civil*, Revista de Derecho Privado, 1944.

DELGADO PIQUERAS, F., «Luces y sombras de la reforma del recurso de casación en la jurisdicción contencioso-administrativa», en *Los retos del Estado y la Administración en el siglo XXI: libro homenaje al profesor Tomás de la Quadra-Salcedo Fernández del Castillo*, coord. por L. Parejo Alfonso y J. Vida Fernández, vol. 1, 2017.

DÍAZ DELGADO, J., «El recurso de casación contencioso-administrativo», en *La Ley de jurisdicción contencioso-administrativa: sus cuestiones más actuales*, coord. por Luis Miguel García Lozano; Santiago González-Varas Ibáñez (dir.), José Antonio Tardío Pato (dir.), Aranzadi, Pamplona, 2021.

DÍEZ-PICAZO GIMÉNEZ, L. M.ª, «Sobre la estructura de la jurisdicción contencioso-administrativa», *Revista de Administración Pública*, 220 (2023).

FAIRÉN GUILLÉN, V., «Sobre la recepción en España del recurso de casación francés», *Anuario de Derecho Civil*, julio-septiembre, tomo X, 1957.

FERNÁNDEZ COBO, B. y RUIZ DE LAS HERAS, A., «La presunción de interés casacional objetivo como medio para garantizar el derecho al reexamen jurisdiccional ante la imposición de sanciones de carácter penal en el ámbito contencioso-administrativo», *Actualidad Jurídica Uría Menéndez*, 58 (2022).

FERNÁNDEZ FARRERES, G., «Sobre la eficiencia de la jurisdicción contencioso-administrativa», *Revista Española de Derecho Administrativo*, 174 (2015).

– *La contribución del Tribunal Constitucional al Estado Autonómico*, Iustel, Madrid, 2005.

FERNÁNDEZ RODRÍGUEZ, T. R., «Un acuerdo básico sobre la necesidad de reformar la estructura de la jurisdicción contencioso-administrativa», *Revista de Administración Pública*, 220 (2023).

– «Una reflexión necesaria sobre una experiencia todavía corta», *Revista de Administración Pública*, 207 (2018).

– «Prólogo» a la monografía de M. Á. Ruiz López, *La reforma del recurso de casación contencioso-administrativo*, Tirant lo Blanch, Valencia, 2016.

– *Del arbitrio y de la arbitrariedad judicial*, Iustel, Madrid, 2005.

FERNÁNDEZ TORRES, J. R., «¿Puede hacer algo más el Tribunal Supremo en materia de expropiación forzosa?», *Revista de Urbanismo y Edificación*, 43 (2019).

– «¿Reviste algún interés casacional el urbanismo para el Tribunal Supremo?», *Revista de Urbanismo y Edificación*, 41 (2017).

– «¿Formalismo exacerbado o simple defensa de la legalidad?», *Revista de Urbanismo y Edificación*, 33 (2015).

GARCÍA COUSO, S., «Recurso de amparo y recurso de casación contencioso-administrativo; el agotamiento de la vía judicial previa tras su objetivación», *Anuario Iberoamericano de Justicia Constitucional*, 25 (2021).

GARCÍA DE ENTERRÍA, E. y FERNÁNDEZ RODRÍGUEZ, T. R., *Curso de Derecho Administrativo* (vol. I, 17.ª ed.; vol. II, 14.ª ed.), Civitas Thomson Reuters, Madrid, 2015.

GARCÍA VICENTE, J. R., «La nueva casación civil: dudas y certezas», *Diario La Ley* núm. 10.344 (2023).

GÓMEZ-FERRER RINCÓN, R., *La eficacia del recurso de casación cómo técnica para la formación de jurisprudencia en el ámbito del Derecho administrativo* (Dir.), Marcial Pons, Madrid, 2020.

– «Recurso de casación y unidad del ordenamiento jurídico», *Revista de Administración Pública*, 174 (2007).

GONZÁLEZ ALONSO, A., «Derechos fundamentales, casación contencioso--administrativa y recurso de amparo constitucional», en *La Constitución de los españoles: estudios en homenaje a Juan José Solozabal Echavarría* / Manuel Aragón Reyes (dir.), Javier Jiménez Campo (dir.), César Aguado Renedo (dir.), Antonio López Castillo (dir.), José Luis García Guerrero (dir.), Juan José Solozábal Echavarría (hom.), Fundación Giménez Abad y Centro de Estudios Políticos y Constitucionales, Madrid, 2019.

GONZÁLEZ GRANDA, P., «La omnipresencia del interés casacional: a propósito de la proyectada reforma en el orden jurisdiccional civil», *Diario La Ley* núm. 9.844 (2021, II).

– «Sobre el control del interés casacional en el nuevo recurso de casación contencioso-administrativo», *Diario La Ley*, núm. 9.865 (2021, I).

GONZÁLEZ PÉREZ, J., *Comentarios a la Ley de la Jurisdicción Contencioso-Administrativa*, Civitas Thomson Reuters, Madrid, 8.ª ed., 2016.

HINOJOSA MARTÍNEZ, E., *El nuevo recurso de casación contencioso-administrativo*, Bosch, Barcelona, 2016.

HUELÍN MARTÍNEZ DE VELASCO, J., «Casación contencioso-administrativa. *Quo vadis?*», *Taxlandia, Blog Fiscal y de Opinión Tributaria*, en https://www.politicafiscal.es/equipo/joaquin-huelin-martinez-de-velasco/casacion-contencioso-administrativa-quo-vadis, que fue publicado el 2 de febrero de 2023.

– «La nueva casación contencioso-administrativa (primeros pasos)», *Revista General de Derecho Constitucional*, 24 (2017).

IGLESIAS CANLE, I. C., *El recurso de casación contencioso-administrativo*, Tirant lo Blanch, Valencia, 2000.

LÓPEZ GARCÍA, P., «Cuestiones controvertidas (y algunos errores) en la regulación del recurso de casación civil tras la reforma del Real Decreto-Ley 5/2023», *Actualidad Civil* núm. 9 (2023).

LÓPEZ MENUDO, F., «Un lustro de la nueva casación. Balance ante el reto de la obligada doble instancia», *Revista de Administración Pública*, 214 (2021).

– «El recurso de casación: ¿jurisprudencia o justicia?», *Revista de Administración Pública*, 207 (2018).

LÓPEZ SÁNCHEZ, J., *El interés casacional*, Civitas, Madrid, 2002.

LOZANO CUTANDA, B., «La reforma del recurso de casación contencioso-administrativo por la Ley Orgánica 7/2015: análisis de sus novedades», *Actualidad Administrativa*, 11 (2015).

MARTÍN REBOLLO, L., «Uso y abuso del decreto-ley (un análisis empírico)», *Revista Española de Derecho Administrativo*, 174 (2015).

MENÉNDEZ PÉREZ, S., «Función del Tribunal Supremo, apelación y casación», en *Balance y perspectivas de la ley reguladora de la jurisdicción contencioso-administrativa en su XX aniversario* / coord. por Jesús Cudero Blas, Juli Ponce Solé, Tirant lo Blanch, Valencia, 2019.

MESTRE DELGADO, J. F., «La configuración del recurso de casación en torno al interés casacional», en J. M.ª Baño León (coord.), *Memorial para la reforma del Estado, Estudios en homenaje al profesor Santiago Muñoz Machado*, vol. I, Centro de Estudios Políticos y Constitucionales, Madrid, 2016.

MÍGUEZ MACHO, L., «Reflexiones críticas sobre el actual modelo de recurso de casación contencioso-administrativo», en *20 años de la Ley de lo Contencioso-administrativo: actas del XIV Congreso de la Asociación Española de Profesores de Derecho Administrativo. Murcia, 8-9 de febrero de 2019* / coord. por Fernando López Ramón, Julián Valero Torrijos, INAP, Madrid, 2019.

MONTOYA MARTÍN, E., *El recurso de casación contencioso-administrativo: en especial las causas de inadmisibilidad*, McGraw-Hill, Madrid, 1997.

MORENILLA RODRÍGUEZ, J. M., *La organización de los tribunales y la reforma judicial en los Estados Unidos*, Instituto de Cultura Hispánica, Madrid, 1968.

MUÑOZ MACHADO, S., «Los poderes de oficio del juez administrativo», en la obra colectiva *Por el derecho y la libertad: libro homenaje al profesor Juan Alfonso Santamaría Pastor*, vol. I, Iustel, Madrid, 2014.

– *Informe sobre España. Repensar el Estado o destruirlo*, Crítica, Barcelona, 2012.

NAVARRO VEGA, M.ª B. (coord.), *Recientes reformas de la Ley de la Jurisdicción Contenciosa-Administrativa el recurso de casación y la ejecución de las sentencias de derribo*, Tirant lo Blanch, Valencia, 2017.

NIETO GARCÍA, A., «Valor legal y alcance real de la jurisprudencia», *Teoría y Realidad Constitucional*, 8-9 (2001-2002).

NIETO GARRIDO, E. M.ª, *Interés casacional objetivo y urbanismo: especial referencia a la nulidad del planeamiento*, La Ley, Madrid, 2020.

PAREJO ALFONSO, L., «Algunas reflexiones sobre la novedad del recurso de casación en el orden jurisdiccional de lo contencioso-administrativo», *Revista Andaluza de Administración Pública*, 100 (2018).

– «Diseño legal y realidad práctica del recurso de casación en el orden contencioso-administrativo: una reflexión a los veinte años de su implantación», en la obra colectiva *Por el derecho y la libertad: libro homenaje al profesor Juan Alfonso Santamaría Pastor*, vol. I, Iustel, Madrid, 2014.

PÉREZ MORENO, A., «Prólogo», en Montoya Martín, E., *El recurso de casación contencioso-administrativo: en especial las causas de inadmisibilidad*, McGraw-Hill, Madrid, 1997.

QUINTANA CARRETERO, J. P., CASTILLO BADAL, R., y ESCRIBANO TESTAUT, P., *Guía Práctica del recurso de casación contencioso-administrativo*, 2.ª ed., Dykinson, Madrid, 2019.

QUINTANA LÓPEZ, T., «Algunos aspectos de la nueva regulación sobre el recurso de casación frente a sentencias en el orden contencioso-administrativo. El trámite de admisión», en *Los retos del Estado y la Administración en el siglo XXI: libro homenaje al profesor Tomás de la Quadra-Salcedo Fernández del Castillo*, coord. por L. J. Parejo Alfonso y J. Vida Fernández, vol. 1, 2017.

RAZQUIN LIZARRAGA, J. A., «Primer balance del nuevo recurso de casación contencioso-administrativo», *Revista Vasca de Administración Pública*, 110 (2018).

– «El recurso de casación en la jurisdicción contencioso-administrativa tras la Ley Orgánica 7/2015», *Revista Vasca de Administración Pública*, 104 (2016).

RECUERDA GIRELA, M. Á., «El nuevo recurso de casación contencioso-administrativo y el interés casacional objetivo para la formación de jurisprudencia», *Revista Andaluza de Administración Pública*, 94 (2016).

ROMERO REY, C., «El apartamiento deliberado de la jurisprudencia existente: la nueva virtualidad expansiva de una presunción de interés casacional», *Revista de Jurisprudencia* de *El Derecho*, abril de 2020.

RUIZ LÓPEZ, M. Á., *Las garantías jurídicas tras la expropiación forzosa*, Thomson Reuters Aranzadi, Pamplona, 2021.

– «El nuevo recurso de casación contencioso-administrativo: primeras resoluciones, balance y perspectivas», *Revista de Administración Pública*, 204 (2017).

– *La reforma del recurso de casación contencioso-administrativo*, Tirant lo Blanch, Valencia, 2016.

– «La unidad jurisdiccional en el Estado autonómico: la posición constitucional del Tribunal Supremo», en J. E. Soriano García (dir.) y M. Estepa Montero (coord.), *Por el Derecho y la libertad. Libro Homenaje al Profesor Juan Alfonso Santamaría Pastor*, vol. I, Iustel, Madrid, 2014.

SÁNCHEZ ÁLVAREZ, E., «A vueltas (críticas) con el "interés casacional" contencioso-administrativo», *Revista de Derecho de la UNED*, 25 (2019).

SANTAMARÍA PASTOR, J. A., «Problemas de estructura y funcionamiento de la jurisdicción contencioso-administrativa», *Revista de Administración Pública*, 220 (2023).

– «Dos años del nuevo recurso de casación», *Asamblea, Revista Parlamentaria de la Asamblea de Madrid* (2018, II).

– «La orientación legal acerca del interés casacional: excesos y defectos del artículo 88», *Revista de Administración Pública*, 207 (2018, I).

– «Una primera aproximación al nuevo sistema casacional», *Revista de Administración Pública*, 198 (2015).

– *La Ley Reguladora de la Jurisdicción Contencioso-Administrativa. Comentario*, Iustel, Madrid, 2010.

SANTIAGO IGLESIAS, D., *La jurisprudencia y su función en el ordenamiento jurídico administrativo. Un estudio desde la óptica de los principios de igualdad y seguridad jurídica*, Marcial Pons, Madrid, 2021.

– «La eficacia de la jurisprudencia en el ordenamiento jurídico administrativo: Una reflexión a la luz del nuevo sistema casacional», *Revista Española de Derecho Administrativo*, 202 (2019).

TIMÓN HERRERO, M., «El apartamiento deliberado implícito de la jurisprudencia del Tribunal Supremo como presunción de interés casacional objetivo. ¿Matiz o mutación?», *Actualidad Administrativa*, 12 (2020).

TOLEDANO CANTERO, R., «La instauración de la doble instancia en el contencioso-administrativo: un enfoque desde la judicatura», *El Cronista del Estado Social y Democrático de Derecho*, 99 (2022).

VELASCO CABALLERO, F., «Casación contencioso-administrativa y Constitución», en *La nueva perspectiva de la tutela procesal de los derechos fundamentales*, Asociación de Letrados del Tribunal Constitucional (aut.), Centro de Estudios Políticos y Constitucionales, Madrid, 2018.

– «Poderes del Tribunal Supremo en la casación contencioso-administrativa», *Revista Española de Derecho Administrativo*, 182 (2017).